Monte Avila Editores
Latinoamericana

ALTAZOR

POESÍA

Juan Sánchez Peláez

MONTE AVILA EDITORES
LATINOAMERICANA

1ª edición, 1984
2ª edición, 1993

Foto de portada
ENRIQUE HERNÁNDEZ D'JESÚS

D. R. © MONTE AVILA LATINOAMERICANA, C. A., 1992
Apartado Postal 70712, Zona 1070, Caracas, Venezuela
ISBN: 980-01-0712-6
Diseño de colección: Carlos Canudas - Vicky Sempere
Realización de portada: Claudia Leal
Fotocomposición/paginación: La Galera de Artes Gráficas

Impreso en Venezuela
Printed in Venezuela

LA BELLEZA DE LA PIEDRA QUE SE CONVIERTE EN ANGEL

Se trata de visitar el viejo suburbio de la magia. De acercarnos al ademán, al estribillo, al botín de rosas revueltas. De encontrarnos con los fieles gavilanes que humedecen nuestra vida. Se trata de atizar el hilo de la penumbra, el posible diamante, el corazón del desierto. De la frase crispada golpeando el talle humano. Allá, al fondo del escalofrío, siempre estará Juan Sánchez Peláez, agitándose entre la fabla y lo oscuro, lleno de estupor, escribiendo ramajes de fuego, detenido —en un agitado instante— para mirar el colibrí. Esa escritura de aullido y relámpago, ese bullicio de imágenes que suscita el fervor, esa cicatriz de la nostalgia, es su poesía.

No ha habido en toda la poesía venezolana mayor equipaje de alucinación. Estamos hablando de una poética de sortilegios, una poética que, extremando la potencia de las metáforas, procura sostener en la intemperie la orfandad existencial del ser humano. Una poética de cascabel y alquimia, de murmullo y fábula, que desemboca en la febrilidad. Sánchez Peláez se ha acercado al lenguaje con todos los sentidos, interrogando a la belleza, arrinconándola, para que le explique la tempestad. Y así, comenzó a nombrar su irremediable noche, el búho de su tristeza, el zumbido de la infancia, la luciérnaga de lo femenino. Una poética que eligió el lujo del idioma y el tatuaje del subconsciente para comenzar a ser. Una poética de abismo y revelación que explotó en el panorama de la literatura venezolana con evidente desconcierto.

Nadie duda en hablar de Juan Sánchez Peláez como un poeta fundamental. Un poeta absolutamente celebrado por el resto de los poetas. Y es asunto sabido: desde que Juan Sánchez Peláez escribió esa vehemencia llamada Elena y los elementos *la poesía venezolana recibió un fuerte estremecimiento. Como si un lobo de fuego hubiera irrumpido violentamente en un estanque de serenísima agua. Juan Sánchez, con una envidiable autenticidad, escribió el libro que quiso escribir, entró al jardín de los vocablos y con la mejor de las irreverencias comenzó a reunir palabras, a procurar sonidos, a revolver imágenes, a provocar estallidos en la página. Era un aprendiz de mago, un excavador de prodigios. Interrogó a fondo el fósforo de la vigilia, dejó que el buey ciego de su interior se desbocara y se llenó de oro los ojos: «Lo que yo perseguía era la corza frágil, el lebrel efímero, la belleza de la piedra que se convierte en ángel».* Elena y los elementos *fundó uno de esos grandes momentos de consenso de la literatura nacional. Entonces y ahora el juicio ha sido el mismo: ese poemario fue el pórtico de la modernidad, justo allí se inició la poesía contemporánea venezolana.*

Luego vino esa obra memorable de afecto y entraña llamada Animal de costumbre *(1959) donde su voz decidió construirse de claroscuro, donde la memoria goteó su lumbre en cada página y la fiesta de las imágenes se atemperó para pronunciar cada vez más el dolor del apego, el adentro de sus ventanas. Lo que comenzó como un diario, como simple escritura de sus días, se fue transmutando en un río de textos de íntima personalidad: «Cuando me escuchan olvido mi propia audiencia/ Cuando me llaman hombre soy un caballo negro por la nostalgia». En el proceso de su voz,* Animal de costumbre *será un libro clave, conquistará un tono de humildad que jamás lo abandonará.*

En 1966 aparece Filiación oscura, *un libro de herméticas flautas que lo arrojan a milagrosas regiones del lenguaje, como si atravesara la oscuridad con una navaja en la mirada: «A caza de un hilo fijo para sostener la tiniebla». Se reinicia la cacería de lo inasible, persiguiendo la mítica luz que ofrece el torbellino.* Filiación oscura e*s la inmersión en los laberintos de un azar fatalmente parecido a su vida, a su manera de estar, de golpear sin voz y aparecer todos los días, de improviso, en la soledad: «Con la sugerencia, el cascabel, el ritornelo, el trino, alargo mis brazos hacia el bosque nostálgico». Pulcramente, se le acopla una breve y enfática colección de poemas,* Lo huidizo y permanente *(1969): «Siento mi arruga y mi enigma, ¿pero dónde el hallazgo por venir o una mañana clara en las calzadas?».*

Años después aparecería ese alarde de equilibrio entre el misterio y la lucidez que es Rasgos comunes *(1975) donde convergen todas sus obsesiones temáticas y comulgan en feroz atracción. El lenguaje, domesticado y maduro, estalla con asombrosa nitidez. Las sombras brillan. Quienes se pregunten qué ha pasado con el surrealismo que insuflaba su obra se encontrarán con una admi-*

rable asimilación de sus claves y la realización altamente personal de sus fundamentos básicos. La herencia sustancial de esa, su gran escuela, ha sido la percepción de la realidad y el sueño confundidos en un solo flujo, la almendra de la imagen, la mujer como eje de la existencia, la infancia como abrazo de la memoria y la acuciante reflexión sobre la propia escritura. Este es uno de sus grandes libros. Cada frase encarna la primera fábula y el último chillido: «Nadie me ve estos ojos, los desesperados ojos como cosas escritas en sueño. Nadie me ve sentado en una silla de oro tocando el universo simplemente con la marea que roza labio a labio mientras afino mi flauta con la ley de los pájaros».

En 1981 aparece Por cual causa o nostalgia, *un libro escrito sobre el mármol, con perfil de viento, una voz sabia que rompe el silencio sólo para decir lo necesario, no hay exceso de fuego, no hay una sola sílaba extrema, cada vez hay más juego, más gracilidad, las palabras se rozan como piedras preciosas, arrojan chispas, una a una, hasta lograr una incandescencia mayor: «Al fin por fin/ hago este día más límpido/ Y un caballo de sol/ que se asoma a lo imposible/ como estrella de mar/ fugaz/ relincha en todas las ventanas». Es ya la edad brillante de una poética ejecutada con la pulcritud de un viejo maestro.*

Y esta segunda edición que hace Monte Avila de su obra poética agrega a su vez su más reciente libro, Aire sobre el aire *(1989), un libro de una brevedad impecable, catorce signos del otoño, donde lanza el golpe de dados con dominio de las vueltas, las palabras ruedan, suenan, saltan, dicen, se hacen percusión del espíritu. Poemas que no se parecen a nadie y que nos reúnen a todos: «Yo no soy hombre ni mujer/ yo sólo tengo resplandor propio/ cuando no pierdo el curso del río/ cuando no pierdo su verdadero sol».*

Juan Sánchez Peláez sigue atravesando el desierto con las manos, continúa exigiéndose la vida en mitad del poema, como si la persecución de la belleza fuera también la requisa a fondo del alma. Por eso, siempre he pensado que la clave entera de su poética se resume en una de sus más hermosas líneas: «Suenan como animales de oro las palabras». Eso es lo que él procura. Ese sonido a joya y dolor. Sabe que bajo las palabras respira, siempre y desesperado, el ser humano. Y las somete al riguroso escrutinio del misterio. ¿Qué habrá detrás del fulgor? ¿Cuánto de nosotros hay «en el alba o la tempestad?»

Podríamos decirlo así, simplemente: Juan Sánchez Peláez es uno de nuestros grandes maestros. Eso que llaman un poeta mayor. Alguien que hace de la poesía, religión. Que la convierte en manera de respirar el mundo. Su obra ha sido ejemplo de excelencia y rigor. Es, también, el más lujurioso de nuestros poetas. Su verbalización de la mujer como epicentro del deseo y la salvación, el fervor por su hechizo, ha sido único en nuestra poesía. Su elegancia verbal, el enigma de sus vocales, la lluvia de sus metáforas, lo convierten en uno de los grandes imagineros del continente.

Bastaría con dejar que los poemas hicieran su labor. Que sonaran en el aire. Bastaría confiar en ellos y dejar que sea el silencio de la lectura el que dibuje su propia sensación, el que asome la incandescencia. Bastaría atravesar esta poesía de confinado que se hunde en los cántaros del misterio y la verdad. No hay preludio posible ante la obra de Juan Sánchez Peláez. «El chorro dulce que llaman colibrí», ¿qué explicación podría tolerar? Quiero decir, ¿qué otra verdad que su propio sonido? Esta es una poética que funda su existencia en la desazón de estar vivos, en el rumor de nuestra sombra. Una poética que cree en la belleza como razón de mundo, en el delirio como clima existencial, y en el idioma como morada tangible de la imaginación, como suerte de respuesta y pregunta simultánea. Esta es una poesía construida en el vértigo. Todo el que atraviese este follaje verbal de conjuros reconocerá al final del viaje la fuerza de una voz personal que lo convierte en uno de nuestros poetas más universales.

Cada pared tiene su textura, cada poema su cantidad de sangre. Hoy podemos recorrer la historia de una poesía que se ha construido solitaria y magnífica en procura del esplendor. Juan Sánchez Peláez es un poeta que vive entre lo crispado y lo desconocido, con un ojo en la luz y otro en la sombra. Es una suerte de animal herido por el brillo de los fuegos fatuos. Recorrer el trayecto de esta obra es, para cualquier lector de poesía, una experiencia estética y existencial de profundas resonancias. Esta poesía no sólo es una impecable celebración del lenguaje, sino además —y sobre todo— un afiebrado documento de la fragilidad humana.

Leonardo Padrón

Poesía
1951-1989

Elena y los elementos *[1951]*

En una noche profunda y larga
de mi edad
Paul Eluard

I

Sólo al fondo del furor. A Ella, que burla mi carne, que
desvela mi hueso, que solloza en mi sombra.

A Ella, mi fuerza y mi forma, ante el paisaje.

Tú que no me conoces, apórtame el olvido.
Tú que resistes,
resplandor de un grito, piernas en éxtasis, yo te destruyo,
sangre amiga, enemiga mía, cruel lascivia.

Nuestras voces de bestias infieles trepando en una
habitación suntuosa sin puertas ni llaves.
Cuando me desgarra un soplo náutico de abejas, yo pierdo
tus óleos, tus imanes, una calesa de esteras en el vergel.

Mi primera comunión es el hambre, las batallas.
¿Rueda mi frente en un aro,
saltan mis ojos sobre la nieve pacífica?
¿Florecen campanas melodiosas en un abismo de miedo?

Después, sin designio, el rocío extiende por el mundo su
gran nostalgia de húmedos halcones.

II

Arrastrado bajo yunques sin ruidos ni caricias
Otra vez otro instante
Sepárame las tablas de mi cuerpo, los despojos
Los despojos de mi alma
Hacia una bóveda de espanto, allí crece el caos.

Entonces se interpuso un revólver
Disparado al aire tres veces
Por los ebrios del amor.

Mi amiga íntima falleció hace tres años
Por tres balas lanzadas al aire.

Ella se vestía escandalosamente para asistir a un baile de
máscaras.
Ella jugaba una partida de póker en el momento fatal.

Recuerdo a mi amiga íntima.
Estoy seguro de haberla conocido hace trescientos años.
Y olvidarla ahora mismo.

Otra vez, otro instante,
Me inunda el halo de los espectros.

III

Al arrancarme de raíz a la nada
Mi madre vio, ¿qué?, no me acuerdo.
Yo salía del frío, de lo incomunicable.

Una mañana descubrí mi sexo, mis costados quemantes,
mis ráfagas de imposible primavera.

A la sombra del árbol
de mi gran nostalgia ya comenzarían a devorarme,
ya comenzarían.

Sabedlo tú, Ondina ondulante del mar y alga efímera
de la tierra.
Un hombre alto fue al cementerio
Espantó a un perro que ladraba
Su camisa de fuerza lo estrangulaba
Cayó estrangulado.

Y yo he revelado su destino a todos mis amigos
A los que conozco sin saludar, a los que saludo
sin conocer.

Yo di muerte al estrangulado
A pesar de sus signos de indeleble fatiga.

Yo frisaba cinco años de vida
¿Me engendró una cigarra en el verano?

Era un día maldito.
Mi madre no logró reconocerme.

IV

Aún la perfección, las campanas trasquiladas.
Aún quien te subyuga, Oh tú, Huésped turbado, Tu máscara
desgarra, Tu dedo es un liviano ruiseñor.
Horada una llama oculta: Sobresale tu cuerpo,
tu pudor, tu vigilia.
Grandes herméticos antepasados míos levantan mi
corazón carnívoro de langosta.

Súbeme a la claridad. Soy un
simio abyecto que necesita perdón.
Un búfalo que desciende
en el huerto leproso
sobre la espalda encendida del arcoiris.

Súbeme a la claridad.

La noche es una isla perdida
en el viraje vertiginoso de tus
corpiños.

Cielo crispado del amanecer, Erizos
desplazados, altas cimas;
Tierra mía y rocío de los papagayos y follajes
fulminantes de las palomas siderales;
Extensos brazos
benevolentes;
y tú, rosa abierta, caída
contra el resplandor negro de mis deseos.

V

Yo atravesaba las negras colinas de un desconocido
país.
He aquí el espectáculo:
Yo era lúcido en la derrota. Mis antepasados me
entregaban las armas del combate.
Yo rehuí el universo por una gran injusticia.
Tú que me escoltas hacia una distante eternidad:
Oh ruego en el alba, cimas de luto, puertas que
franquean tajamares de niebla.
Salva mis huestes heridas, verifica un acto de
gracia en mis declives.
Pero, ¿qué veo yo, extenso en una maleza de tilos
imberbes? Un glaciar cae lánguido
en el césped.
El mármol se despide del hombre porque éste
es una estatua irreverente.

VI

Blandiendo un puñal de vidrio entre las sienes
Pasean los soldados, los herreros, las razas de color, las mujeres melancólicas
Por los canales pardos del arcoiris, encallados a riberas de bruma
A la aventura celeste de los cinematógrafos, al pequeño monumento de las aves estelares.

Un sueño los hace distintos a la realidad
Un murciélago desconocido los hizo visibles a la vida.

Y después, ¿te acuerdas?
Yo me acuerdo
Tu madre subyugada por tu padre.
Y después, ¿te acuerdas?
Yo me acuerdo
Todas las madres del mundo subyugadas por todos los padres del mundo.
Y después, ¿te acuerdas?
Yo me acuerdo
Todas las madres del mundo divorciadas de todos los padres del mundo.

Y el primer día le daban palmaditas a tu hombro
Y el segundo día le daban palmaditas a tu vientre
Y el tercer día le daban palmaditas a tu frente
Y el cuarto día no tenías hombro
Y el quinto día no tenías vientre
Y el sexto día no tenías frente

Sino enigmas inválidos,
 enigmas a flor de piel.

Tú seguías mi ruta: El diluvio de mis besos
 a la deriva de la vía láctea
El ala colérica de mi sangre
Una bandada de rojos insectos roedores de tiniebla.

Tú me decías: «Encima del cielo hay una
 encrucijada de bosques feéricos
Encima de la nieve está el cadáver taciturno de mi lengua
Y la magia del mundo en los brazos abiertos del amor».

Barcas bélicas de mis pies vegetales
Con una campana sumergida estrella del vino
Nombres extraños, ríos
 glaciares, vertientes impalpables
 caballos de franela con dos dedos de frente
Que una mujer desnude su alma
Su cuerpo y su alma
Al borde de los astros parpadeantes

Que construya a golpes martirizantes de olvido
Un fantástico jardín con salamandras ebrias.

Nada es tuyo, nada puede socavar tu sed terrestre
Nada es mío, sino perforación de muerte, sino escombros
 indispensables para que negligentes, olvidadas fuerzas
 orgánicas canten su iluminada redención.

Pan de leche de la luna, oscuro temblor de los cereales
Precipicios de nubes que ahogaron mi rostro dormido
 entre las aguas

Declárame vacío en mi tregua, en mi locura
Declárame culpable.
El dedo perfumado del aire
Señala las orejas dementes del amor.

Tú frunces el ceño, tú eres honorable
tú escuchas música en los cañones de pólvora del firmamento.

Cuando un navío silencioso corte en dos
el paisaje cruel de mis labios
Cuando se extingan mis vísceras
hallarán un grito perdido.
Las plumas perfumadas de un taciturno gavilán.
Un mundo hostil.
Un mundo desaparecido.
Encajes azules que flotaron a merced del lodo y la lluvia
Un insecto en la mesa de los burgueses
Animales palurdos que arrastran sombríos catafalcos
Enigmas inválidos
Enigmas a flor de piel
Recuerdos de estrellas estériles
Negros túneles de dicha distraída
Perros domesticados
Perros de lujo, melancólicos y melifluos
Sobrevivientes sordas y difuntas melodías suspirando
un aire de tibia lavanda
Mientras mis sienes terrestres desconocen
Tu vestido de nácar
Donde no aparecen las llaves
Del Exterminio.

VII

¿Cuántas veces ahogado por tus brazaletes mágicos,
Las palmeras seniles de la lluvia me desatan?
Me extiendo sobre la fuente gris de un sollozo.
Las aguas en el sueño tienen otro ámbito más pleno.

¿Cuántas veces mi fidelidad es prisionera de tus
ojos?

¿Hacia dónde su grito de mujer, Oh Noche, para
levantar en mí esta bóveda chorreante de sed, Mi
primitivo desco?
Si su cuerpo es joven y tranquilo,
Ella se adelanta a mis párpados, con el salto de
un jaguar.
Pero Ella me conoce.
Y golpea con su sangre mis brazos;
La trompeta invisible de su luz: Lanzada en mi cenit.

Tú que huyes hacia un día de sol,
Escúchame.
Escúchame.
Este árbol no es un árbol.
Este muro no es un muro.

Entonces deslicé en mi boca, Los
pétalos dúctiles de tus senos.
Eso fue todo.
Como una antorcha que ardía y ardía bajo la
Hierba.

POR RAZONES DE ODIO

Ella descubre el roce el barniz de su cintura
En los estados feéricos en un acantilado sensual
A cuyos pies se derraman almacenes hechizados
Los cuellos segados por fruición de la libertad.

Cuando escamotean sus cláusulas internas
Creo una virtud especial
Por razones de odio
Y es la mujer sometida al clima negro
En los portafolios los deshielos la lupa la colcha
De los muertos.
Los óleos de mi memoria revestidos de lanas ardientes
La mancha con sed del rebaño sideral
La lepra
Del aljófar caído en los bosques.

TRANSFIGURACION DEL AMOR

Ella, la heroína de los infiernos
Desenvuelve en el hombre
Virajes de la cabeza
Como los reyes en una postal.

En un pie la esquila de los niños
En mi boca una punta de sol frenético
Como la mancha dorada
En la muerte,
Como el mensaje de los paraísos
En las túnicas dormidas con libertad
Transforma el bosque en guantes de ruiseñor
En uvas de nieve,
En la conspiración
Que mencionan sus manos.

El que barniza la sombra allá está el más puro enigma
Para esconderla en el interior del Océano
Las sienes devueltas al aire feérico
Bajo una playa trazó señales en el desencanto
Esperando el vértigo que fluía de esa crisis nupcial
O cada extravío entre bahías florecientes
En las oleadas que gravitan al alba
O una copa llameante a la izquierda para alcanzar el
Misterio.

EL CUERPO SUICIDA

Rosa invisible rasgo puro
Venas subyugantes como lámparas de nieve
Y mi espejo en su lecho fratricida
Iba hacia ti
Desde la negra edad de mis orígenes
Iba hacia ti
Cuando la luna ondea en mis sienes desatadas
Caías de rodillas con un racimo de frutas.

Los perversos ojos del cielo recubren tu llama
La espiga vigilante adentro
En las zonas del silencio donde la luz no llega.

Yo veía un niño agonizando en los jardines
El que arrojaba uvas delirantes a las duras bahías
Y los cuerpos ahogados en la noche
Cuando arden cenizas en la magia de Dios.

Yo he visto alfombras proteger sus rebaños
de ignorancia
Altares y arcos
Los senos, bases de fuego fascinante
El perfecto hábito del semen
Joya de abismo, taciturno enigma.

PROFUNDIDAD DEL AMOR

Las cartas de amor que escribí en mi infancia eran memorias de un futuro paraíso perdido. El rumbo incierto de mi esperanza estaba signado en las colinas musicales de mi país natal. Lo que yo perseguía era la corza frágil, el lebrel efímero, la belleza de la piedra que se convierte en ángel.

Ya no desfallezco ante el mar ahogado de los besos.
Al encuentro de las ciudades:
Por guía los tobillos de una imaginada arquitectura
Por alimento la furia del hijo pródigo
Por antepasados, los parques que sueñan en la nieve, los árboles que incitan a la más grande melancolía, las puertas de oxígeno que estremece la bruma cálida del sur, la mujer fatal cuya espalda se inclina dulcemente en las riberas sombrías.

Yo amo la perla mágica que se esconde en los ojos de los silenciosos, el puñal amargo de los taciturnos.
Mi corazón se hizo barca de la noche y custodia de los oprimidos.
Mi frente es la arcilla trágica, el cirio mortal de los caídos, la campana de las tardes de otoño, el velamen dirigido hacia el puerto menos venturoso
o al más desposeído por las ráfagas de la tormenta.
Yo me veo cara al sol, frente a las bahías mediterráneas, voz que fluye de un césped de pájaros.

Mis cartas de amor no eran cartas de amor sino vísceras de soledad.

Mis cartas de amor fueron secuestradas por los halcones ultramarinos que atraviesan los espejos de la infancia.

Mis cartas de amor son ofrendas de un paraíso
de cortesanas.

¿Qué pasará más tarde, por no decir mañana? murmura el viejo decrépito. Quizás la muerte silbe, ante sus ojos encantados, la más bella balada de amor.

En todas las estaciones vomita mi cuerpo, la ansiedad de mi cuerpo y mis nubes silenciosas.

Máscara hechizada de mi albedrío, ¿quién lo sabía? Yo descendí a los bosques primitivos de mi nostalgia, yo regresaba triste y altivo como los conquistadores de la noche. El crepúsculo adora la esclavitud de esta tierra desolada. Yo soy mi propio ángel y mi único demonio. Yo busco un párpado de inasible bruma. Y espero, espero el porvenir.

Pacientes trabajadores de un Wonderland embrionario: sois demasiado escrupulosos para comprenderme. En un arroyo vulcanizado, con la sandalia de oro de los desiertos, por la puerta de coral de los infiernos entraréis vosotros, con vuestro código matrimonial, con las leyes tiránicas, con las grullas del horizonte.
Un fantasma —muy amable por cierto— mece suavemente mis cabellos. Y su ternura de león estrangulado sobre la vía láctea no volverá jamás.

LEYENDA

Mis enemigas prudentes, mis guantes que decapitan días lluviosos, un valle negro para la huida de mis sienes. Anoche multitud de pájaros y bueyes invadieron estas calles sumisas. Yo miraba y me decía: «Bajo la tempestad una rueca hila niños delgados, el demonio enloquece las aguas taciturnas». Anoche yo no había nacido todavía. De allí el desfile, las nupcias terriblemente lejanas, el parque de fulminante rocío.

No existimos; sin embargo el mar aplacaría tu graciosa cabellera, y los remolcadores izarían tulipanes llameantes para abrevar en tus labios deshechos por el amor.

APARICION

Aclimata el carruaje dichoso de tus senos, la tierra de mis primeras voces,
sus heridas abiertas, sus flagelados gavilanes en la intemperie nevada.

Una mujer llamada Blanca manipula la jaula escarlata del misterio
Sobrepasa el límite, una oscura potencia.
¿Grita, imagina, siente?
Teje una cáscara densa de brisa matinal, alivia piedras decrépitas.

La joven pálida me conduce a un jardín en ruinas.
La veo desnuda, bajo un gran suburbio de palmeras,
exportando el oro del crepúsculo hacia un milagroso país.

Ha regresado la hora silenciosa.
Me circundan las pesadas bahías de tus ojos.

Tú tienes que diseminarte, cuerpo y alma,
en la heredad meliflua de las rosas.

A mi lado pasan lavanderas con sus blancas túnicas, con sus cofias de inocencia
y las manos entregadas a un rito.

PAISAJE ASESINADO

Suspirad cascadas de las aves.
Callad viandas vegetales de los vencidos.
Callad corteza cerebral de los difuntos.
Hundidme.
Yo retornaré, lengua madre de mi especie.
Yo retornaré, piedra de los insectos.
Yo arrastro mis panteras sollozantes al borde
    de un crepúsculo de nieve.

Ceñidme pulso de la tempestad
Apagadme antorcha
    de los grillos inocentes.

Bajaos del árbol putrefacto del paraíso, dádivas y duraznos.
No llegues a la sombra del muro, no llegues a mi puerta.
Golpeando puertas inútiles no llegues a mi puerta.
Aquí descansan los cisnes, los ángeles, los mendigos.
En una palabra: despojos.
En un pañuelo: lágrimas.

Hombre fútil y fugaz
Mientras los pianos arrancan al mar sus trágicos cuervos que
    rondan en la colina
La última estrella
Gira
Sobre los goznes pluviales de tus sienes.

ADOLESCENCIA

En el fondo de mis sueños
Siempre te encuentro cuando amanece.

Qué ensanchamiento en el exilio, por el vagabundaje de
claras fuentes azules;
Por el soplo de la tierra.

Costumbre angélica.
Evadida hacia otra queja, vuela con los pájaros, sueña con
las nubes;
Levanta raíces inquietas en el agua.

En el fondo de mis sueños
La aurora fugitiva. Sólo la sombra
Concluye mi única estrella, mi último día.

RETRATO DE LA BELLA DESCONOCIDA

En todos los sitios, en todas las playas, estaré esperándote.
Vendrás eternamente altiva
Vendrás, lo sé, sin nostalgia, sin el feroz desencanto de los
 años
Vendrá el eclipse, la noche polar
Vendrás, te inclinas sobre mis cenizas, sobre las cenizas del
 tiempo perdido.
En todos los sitios, en todas las playas, eres la reina del
 universo.

¿Qué seré en el porvenir? Serás rico dice la noche irreal.
Bajo esa órbita de fuego caen las rosas manchadas del
 placer.
Sé que vendrás aunque no existas.
El porvenir: LOBO HELADO CON SU CORPIÑO DE DONCELLA
 MARITIMA.
Me empeño en descifrar este enigma de la infancia.
Mis amigos salen del oscuro firmamento
Mis amigos recluidos en una antigua prisión me hablan
Quiero en vano el corcel del mar, el girasol de tu risa
El demonio me visita en esta madriguera, mis amigos son
 puros e inermes.

Puedo detenerme como un fantasma, solicitar de mis
 antepasados que vengan en mi ayuda.
Pregunto: ¿Qué será de ti?
Trabajaré bajo el látigo del oro.
Ocultaré la imagen de la noche polar.

¿Por qué no llegas, fábula insomne?

MITOLOGIA DE LA CIUDAD Y EL MAR

I

Caballos ardientes de nostalgia, caballos puros de mi tristeza sobre las bahías iluminadas. Tu hocico resoplante sobre los flancos de mimosas escolta frescas campánulas. He penetrado en atrios culpables. En el umbral de tu casa me llamaron los malvados, subí las escalas leprosas del muro.

Paz para las campiñas sembradas de animales preciosos.

Paz para mis antepasados de ojos dulces asidos al cuenco
de astros desarraigados.

Paz ilusoria, dispersa el fuego de las espinas, las
guirnaldas iluminadas del extravío mental.

Levanta una lámpara de bronce sobre las crueles colinas.

Tiempo inhóspito: soy tu enemigo tenaz, tu rival sin
brillo, tu bajorrelieve en la alta noche
consumida de claridad.

Afuera he visto el rostro derribado de la multitud. Ella distinguió mi lámpara en la penumbra de su sueño.

Yo le entregué el perfume de mi lujuria y un cántaro de llama respirable. Y las crines odorantes de una ronda de oboes que danzan bajo la lluvia.

II

Esa noche me despedí de los malvados. Supremo adiós a la inocencia, a la culpa, al desencanto. Esa noche llegué a la casa de una mujer extranjera. Su cuerpo tuvo para mí el sabor de los amargos esplendores.

III

Un hombre, en el centro de la oscuridad, sin hacer ruido, llenaba de luciérnagas los senos de su amante.

IV

Paso a la desconocida anegada con la sábana azul de la lejanía. La mujer penetra en las casas adornadas de palmeras centelleantes, baja las escaleras de fuego de la tierra, desciende a los infiernos en la boca del hombre. Yo le ofrendo la sórdida furia del insecto y un anillo de angustia que circunda estas manos lentas.

Paso a la desconocida: sus pies son cometas frenéticos, sus manos son helechos sagrados, su música, la música silenciosa de los desiertos.
Universos sepultados bajo el pórtico de las carabelas sedientas,
eclipses tranquilos de los meridianos solares, océanos pétreos con la blancura de las nieves eternas, escuchadme:

> Yo maldigo yo sangro en el árbol del bien y del mal
> en la muerte y en la noche
> Yo arrastro mis cadenas como lobas en playas del hastío
> Yo hundo en mi pecho evasivos follajes de tiniebla

La palabra última de los estrangulados
La palabra que asesina el alba negra
Cómplice mío
(islas flotantes en la cabellera meliflua de los corales)

Alto muy alto sobre la altura —¿Escuchas
la flauta roída de los países imaginarios?

Entonces la mujer que dormía a mi lado palpó las bóvedas
de su corazón.
Y apagó los resplandores invisibles en el fuego de
mi frente.

Y los trabajadores se ocultaron en las tiendas del poniente,
con sus harapos incendiados.
Y galoparon hasta mi sangre.

Alto muy alto sobre la altura
Se escuchó, por última vez, el nuevo amor.

V

Más allá del límite impreciso de nuestra existencia, mi
carne deriva hacia las olas, acuchillada con espasmos
invencibles.
¿Quién dijo la carne, el enigma, la ilusión de la carne?
Calmad el desastre de las fieras
«Ven a la ciudad de los cascabeles y el trueno»
«Apaga la lámpara del remordimiento, penetra en los techos
nevados del arcoiris, húndete en una comarca de azules
enredaderas».
«Despliega mis veleros fugaces cuando en el orbe helado
estalle la blanca tempestad».

Ciudad de inenarrable tristeza:
Perezco en tus navíos fatigados, en tus fatales emboscadas.
Tus mujeres indulgentes me tienden una red de tigres ávidos.
Cubro tu espalda desnuda con mi fluente vestido de arpas subterráneas.

Mientras busco mi origen en las piedras derretidas, en las cenizas de los animales muertos.

Mientras bebo tu presencia
como un grito de grandes aves negras
entre las hojas melancólicas.

«Pasa la verja de esta habitación de tulipanes, huye en medio del escándalo fluvial».

Astros esparcidos a la redonda
Deseos obturados, planetas perdidos
Escombros de los esqueletos, cráneos suaves.
Ah mis labios, tu sexo fundido en el viento.

Llegas en el grito de los equinoccios, en el zócalo de los ciervos perseguidos,
en la flauta furiosa de los remolcadores.

Llegas tú, con una copa de almendras suprimes el relámpago.
El ancla de este sueño abre mis ojos a la vida.

POSESION

Los témpanos engullen gaviotas en mis caricias.
El mundo pesa inicuo y solemne en mis raíces.
Acepto tus manos, tu dicha, mi delirio.
Si vuelves tú, si sueñas, tu imagen en la noche
me reconocerá.
Te encamino al talud campanular de mis venas.
Mi sangre de magia fluye hacia ti, bajo la
profecía del alba.

UN DIA SEA

Si solamente reposaran tus quejas a la orilla de mi país,
¿Hasta dónde podría llegar yo, hasta dónde
podría?
Humanos, mi sangre es culpable.
Mi sangre no canta como una cabellera de laúd.
Ruedo a un pórtico de niebla estival
Grito en un mundo sin agua ni sentido.
Un día sea. Un día finalizará este sueño.
Yo me levanto.
Yo te buscaré, claridad simple.
Yo fui prisionero en una celda
de abúlicos mercaderes.

Me veo en constante fuga.
Me escapo a mí mismo
Y desciendo a mis oquedales de pavor.
Me despojo de imágenes falsas.
No escucharé.
Al nivel de la noche, mi sangre
es una estrella
que desvía de ruta.

He aquí el llamamiento. He aquí la voz.
Un mundo anterior, un mundo alzado sobre la dicha futura
Flota en la libre voluntad de los navíos.

Leones, no hay leones.
Mujeres, no hay mujeres.

Aquí me perteneces, vértigo anonadante —en mis palmas
arrodilladas.

Un diluvio de fósforo primitivo en las cabinas de la tierra
    insomne.
El busto de las orquídeas
    iluminando como una antorcha el tacto de la
    tempestad.

Yo soy lo que no soy: Un paso de fervor. Un paso.
Me separan de ti. Nos separan.
Yo me he traicionado, inocencia vertical.
Me busco inútilmente.
¿Quién soy yo?

La mano del sollozo con su insignia de tímida flauta
    excavará el yeso desafiante en mis calzadas
    sobre las esfinges y los recuerdos.

DIALOGO Y RECUERDO

Este apasionante encuentro con la doncella subterránea
No fue ovacionado con trompetas de corales.

Encumbrado a ti,

¿El relámpago de mi respiración?
¿El vuelo marítimo de un cisne o un zamuro?

¿Qué signo mío Te iba a despertar?

¿Los buscadores de oro?
¿La campana salobre mecida por el huracán?

Dejadme la pureza del estío y el canto del manantial
sobre los pinos en una hora alta
de paz y alegría.

Huérfano, y sin trompeta, y la mujer que abre su entrecejo
y es una potestad engañosa y el día que es una nube
efímera, y tú que vienes en el Fasto, Es lo natural,
Simplemente reposas o desvarías.

Desde el instante mío:
El que tañe en la raíz del húmedo fósforo
El de pulposo corazón, El que dilapida con
Ojos de ironía la escritura visible,

El de la parodia chirle, El de batir las
palmas, El supliciado, El que huye y tropieza

Con la máscara y el atavío,
El que amaina en la médula,

En algún lugar del camino, con ese regusto anticipado del pueblo en que ibas a poner pie,

En la ruta, a remolque; Nulo, A
Tiro de fusil.

ANIMAL DE COSTUMBRE [1959]

a Suzanne Martin

I

En la noche dúctil con un gladiolo en tu casa
En la noche, escucha,
Oh frágil vanidad en los brazos,
Y tu sueño pesa viviente como ráfaga del río.

Más allá en los vergeles
Prueba, verifica mi debilidad y mi fuerza.
Mi camino que ignoro hasta encontrar tu paso, tu huella
Tibia en la tierra,
El nacimiento del nuevo día.

II

No estás conmigo. Ignoro tu imagen. No pueblo tu gran
olvido.
Pasarán los años. Un rapto sin control como la dicha
habrá en el sur.
Con la riqueza mágica del encuentro, vuelve hasta mí,
sube tu silencioso fervor,
tu súplica por los viajes,
tu noche y tu mediodía.

Apareces.

Tu órbita desafía toda distancia.

Entonces, para iluminar el presente, tú y yo acariciamos
la llaga de nuestro antiguo amor.

III

Por salir con el silbo de la serpiente y las aves
del paraíso,

Al paso de las tardes,
Tú entregas un racimo de uvas al asesino.

Yo me pongo una máscara
Y me muestro distraído.

Y todos en fin bailamos la danza nupcial,
Contentos del tilo en la comida y del reposo junto a la radio.

Con lo más íntimo de mí, te he dicho:
—La tierra es una azucena mordida en vísperas
de un viaje;

De hijo a padre o bisabuelo,
En bellos recreos,

Ejercitando el arco y la flecha,
Yo transformo la historia más simple,
Confiado al amor.

¿Escuché esa frase:
«De hijo a padre o bisabuelo»?

¿La escuché adentro o fuera de mí?

¿Enarbolo tardíamente el arco y la flecha?

Estoy inerme ante vocales
Y vocablos;
Del cuerpo malo que de allí deriva y la consiguiente
  soledad.

Escucho el privilegio de continuar en niño.
No me señalan crecer, como antes decían:
«Una pulgada más grande».

Ahora me reconocen,
De una a varias pulgadas más pequeño.

IV

Por salir con el silbo de la serpiente y las
aves del paraíso
Al paso de las tardes
El trapecio milagroso de tu deseo es la vida
Y el diamante en mi amante
Y a través de la púrpura roja (en el sueño) las
blancas ventanas en mi vigilia
Y cuando me aman olvido mi propia presencia
Cuando me escuchan olvido mi propia audiencia
Cuando me llaman hombre soy un caballo negro por
la nostalgia
Y si me salvo no será por piedad
Si muero no será por suicidio
Si renazco no será en la resurrección de la carne
Salgo a escena inerme ante vocales y vocablos con
vaivenes rápidos circulares de fulgor paralelo
con el pez vivo en la red y la interrogación sin
sentido.

V

Cuando subes a las alturas,
Te grito al oído:
Estamos mezclados al gran mal de la tierra.
Siempre me siento extraño.
Apenas
Sobrevivo
Al pánico de las noches.

Loba dentro de mí, desconocida,
Somos huéspedes en la colina del ensueño,

El sitio amado por los pobres;

Ellos
Han descendido con la aparición
Del sol,

Hasta humedecerme con muchas rosas,

Y yo he conquistado el ridículo
  Con mi ternura,
Escuchando al corazón.

VI

Elena es alga de la tierra
Ola del mar.
Existe porque posee la nostalgia
De estos elementos,
Pero Ella lo sabe,
Sueña,
Y confía,

De pie sobre la roca y el coral de los abismos.

En realidad, Elena
Conoce las cosas simples,
Porque antes de ser doncella
Fue Sirena y Ondina,
Y antes de ser
Sirena y Ondina,
Nadó en el torbellino, en el número, en el fuego.

Yo debí caer en la calzada, y rememorar,
Oh huésped delirante;
Allí donde apacigua la tarde y el crepúsculo,
A mí me separaron.

Tuve otro amor,
Puro como el éxtasis,
Frágil como la fantasía,
Absoluto como mi otro amor.

Oí una trompeta de bruma en el desierto
Mis halcones salieron del follaje.

En todas las estaciones
En el otoño o en la primavera
Elena es alga de la tierra
Ola del mar.

VII

En nuestras veladas
En nuestros talleres
En nuestras fiestas sombrías
Un día cualquiera
Canta
El bello cisne
Petrificado
Del arcoiris
Con su lengua radiante de martín pescador.

Un día cualquiera
Yo temía por ti
En diversos flancos del poblado
En medio de los escombros

Pero tú me decías:
Nunca será consumida en llama
La carne ciega de mi edad.

Y la vejez de entornadas pupilas, señalando maliciosamente
Una hoguera, Una esfinge

Me decía
A manera de réplica:
En llama será consumida
Tiene los signos equívocos del otro reino.

Luego no había más que comenzar:

Humo
Sándalo
Azufre de los infiernos,

Me abruma tanto tiempo perdido
Y la nostalgia de mi primer viaje
Y algunas aves negras
Que pasan por el cielo
Cuando echo las cartas.

Escúchame:

¿Han cesado de girar mis grandes artífices?
¿Muevo sus brazos dominantes?
¿Las tentaciones, como
Panteras sonámbulas
Detrás de la noche?

Lámparas, cimas inaccesibles e insomnios de
La vida real.

Fuera de sitio, fuera del bullicio, sin habla
Como un padre púdico.

VIII

Mi padre partió una tarde a España.
Antes de partir, me dijo:
Hijo mío, sigue la vía recta,
Tú tienes títulos.
En esta época tan cruel
No padecerás.

Por dicha experiencia de años anteriores
Van y vienen voces ligadas a ti,
Padre.
Y me basta ahora y siempre
El salvoconducto de tu sangre
Mi partida de nacimiento con las inscripciones dúctiles
Del otro reino.

Ahora te digo:
No tengo títulos
Tiemblo cada vez que me abrazan
Aún
No cuelgo en la carnicería.

Y ésta es mi réplica
(Para ti):
Un sentimiento diáfano de amor
Una hermosa carta que no envío.

IX

Menos torpe
Pero
Sin nostalgia,
Sin recuerdos,
Sin un latido,

Sin mi respiración, mi grito
La astilla de mi ausencia,

Debo desollarme
En el quicio de las ventanas,

Equivocarme de espectro, y olvidarlo.
Pasar el agua
Que se esparce como en una fuente
A manos de la muda.

Con toda vanidad y amor,
Balbuceo, descalzo en el pórtico.
Negándome el fin del ser
La nada
La bahía azul
La blancura del precipicio.

X

8000 demonios ocultos
Nos gritan que el insomnio
Es tierra de exilio, sin leopardos ni ríos.

El conductor (de la grey humana)
Debe sobrevivir con lo que queda aún
Entre el rocío de las pupilas matinales del mundo.

Por eso no mira ni la brújula ni la mesa de juego
Que ocupan los pasajeros.

Debe escrutar la línea famélica de los árboles
En las arterias de la isla.

Por nuestros huesos náufragos, por lo que flota
Sobre la llama del agua
O en el completo olvido.

XI

Hubiera bastado que me quedara tranquilo, saciarme con
nada, no invocar una leyenda dentro o fuera de mi país,
en la Sabana donde el Salto es del Angel.

No formulé súplicas ni deseos. No extendí la mirada
más allá de mi cubil.

Ahora me hacen muecas horribles
El esclavo y la bestia que desprecié.

Ahora, para franquear la orilla de mi casa,
estoy obligado a pedir perdón.

XII

Yo me identifico, a menudo, con otra persona que no me revela su nombre ni sus facciones. Entre dicha persona y yo, ambos extrañamente rencorosos, reina la beatitud y la crueldad. Nos amamos y nos degollamos. Somos dolientes y pequeños. En nuestros lechos hay una iguana, una rosa mustia (para los días de lluvia) y gatos sonámbulos que antaño pasaron sobre los tejados.

Nosotros, que no rebasamos las fronteras, nos quedamos en el umbral, en nuestras alcobas, siempre esperando un tiempo mejor.

El ojo perspicaz descubre en este semejante mi propia ignorancia, mi ausencia de rasgos frente a cualquier espejo.

Ahora camino, desnudo en el desierto. Camino en el desierto con las manos.

XIII

Hesnor:

A cien metros
Exactos
De profundidad
La botella no es siempre tortuga de mar.

Ramón:

Tú llamas vientres a los polluelos
Y crees que son dioses a altas horas
De la noche.

Susana reposa debajo de un árbol para conjurar
los maleficios.

XIV

Mi madre me decía:

> Hay que rezar por el Anima Sola
> Hay que rezarle a San Marcos de León.

Yo me quedaba confuso.
San Marcos de León era un guerrero
Que nos defendía en el cielo,
Con lanzas y escudos.

Y ella, mi madre,
Podía huir
Hacia esa gran isla de las alturas
Misteriosamente protegida.

XV

Ahora, cuando vamos a reposar de nuestra ilusión y de nuestras máscaras,

Pido al Angel y al Desconocido

Noche y día

Que sólo ocupe mi sitio

Tu llama única

Que tú no me abandones.

XVI

Mi hermano Abel sacudía a los espantapájaros.
Mi madre charlaba en los largos vestíbulos,
Y paseaba en el aire
Un navío de plata.

A su alrededor
Y más allá de los balcones,
Había un extenso círculo
Con hermosos caballos.

> Yo quiero que Juan trasponga sus límites, y juegue como los otros niños —dice mi madre; y con mi hermano salgo a la calle; voy a París en velocípedo y a París en la cola de un papagayo, y no provoco ningún incendio, y me siento lleno de vida.

Libre alguna vez de mi tristeza.
Libre de este sordo caracol.

XVII

No quiero hincharme con palabras.
Pienso en los indios y en los barcos de vela
Y miro el ramo de magnolias
Que cae en el agua de la cascada.

Una balada tan nostálgica que ya no tiene significado
Se escucha en la otra orilla.

Veo, danzando entre las hojas verdes y la hoguera,
  Al antiguo guerrero,

Libre de riesgo, como en colina de recreo.

Cuando el Océano es infranqueable,
Cuando la limitación humana es grande, y
  corremos en busca de perdices, maíz y el
  somnoliento fósforo como la lluvia,
Vuelvo a hablarle al antiguo guerrero.

El huésped invisible, adornado con bellas plumas,
Me detiene en el umbral de su casa,
Con un gesto
Ciego
De amor.

XVIII

Mi animal de costumbre me observa y me vigila.
Mueve su larga cola. Viene hasta mí
A una hora imprecisa.

Me devora todos los días, a cada segundo.

Cuando voy a la oficina, me pregunta:
   «¿Por qué trabajas
   Justamente
   Aquí?»

Y yo le respondo, muy bajo, casi al oído:
   Por nada, por nada.
Y como soy supersticioso, toco madera
De repente,
Para que desaparezca.

Estoy ilógicamente desamparado:
De las rodillas para arriba
A lo largo de esta primavera que se inicia
Mi animal de costumbre me roba el sol
Y la claridad fugaz de los transeúntes.

Yo nunca he sido fiel a la luna ni a la lluvia ni a los
   guijarros de la playa.

Mi animal de costumbre me toma por las muñecas, me
   seca las lágrimas.

A una hora imprecisa
Baja del cielo.

A una hora imprecisa
Sorbe el humo de mi pobre sopa.

A una hora imprecisa
En que expío mi sed
Pasa con jarras de vino.

A una hora imprecisa
Me matará, recogerá mis huesos
Y ya mis huesos metidos en un gran saco, hará de mí
Un pequeño barco,
Una diminuta burbuja sobre la playa.

Entonces sí
Seré fiel
A la luna
La lluvia
El sol
Y los guijarros de la playa.

Entonces,
Persistirá un extraño rumor
En torno al árbol y la víctima;

Persistirá...

Barriendo para siempre
Las rosas,
Las hojas dúctiles
Y el viento.

XIX

a mi aya

Es inútil la queja
Mejor sería hablar de esta región tan pintoresca;

Debo servirme de mí
Como si tuviera revelaciones que comunicar.

Es inútil la queja
Querida Felipa,
Pero
En este hotel donde ahora vivo
No hay siquiera un loro menudito.

El sol golpea en los muros, pero
Adentro
No se encienden tulipanes,

No se enciende nunca una lámpara.

XX

Por paradójico que así sea... (decía mi maestra)
Luego cabalgaría sin darse cuenta
A través de pupilas enigmáticas,

Uniendo las cifras del ábaco,
Las breves islas
Ilusorias de nuestro mundo.

Hoy puedo subir
Hacia la alta colina verde
Donde la cascada resplandece.

Sin embargo, no me considero feliz.
No regresaré nunca hasta mi ábaco de madera.

Ya no tengo la inocencia de mis primeros años.

Una lámpara se tambalea en el tiempo.

El vagabundo también grita de un bosque a otro
Y conoce
Más a fondo
El olvido.

XXI

He recibido medios lícitos y orejas
De aquellos a quienes nada podía dar;

No sé por qué nociones de falso orgullo
Cuento mayoría de edad.

Mi edad con migajas húmedas,
35 soldaditos de plomo que caen boca abajo en la
chimenea.

XXII

Mi madre tiene ante sí
Su cachorro sano, brillante, como la espuma del paraíso;

Mi padre contempla una arboleda
En el hueco del jardín.

Al aproximarme a ellos
Bajo hasta el lecho que ocupan,

Les cuento azares e infortunios de guerra
En que estuve mezclado,

Y ellos hacen
Guiños con los ojos
En honor de mi persona.

Más tarde, el ungido de amor
Baja de nuevo hasta la sala grande;

Y erguida la cabeza, rodeado de solicitud,

Permanece el tiempo justo

Dibujando signos y cábalas misteriosas
Arriba de un lecho extrañamente vacío.

XXIII

TRINIDAD

Cuando todos cavilan, me arrulla
Me arrulla mi melodía pueril.

Luego, me voy de súbito a una isla,
Y allí las tiendas, la pesca de ranas, la obsequiosidad de una muchacha negra,
Me hacen formular vigilias felices;

Soplo una gran bujía:

Es el adiós sollozando en mi corazón.

El ancla que pesa al fondo del mar.

XXIV

Cuando tú sueñas, holgazán de quince primaveras,
No te das cuenta de la vida.
Y ríes con bella risa intrínsecamente tuya, en el leve vaivén
de tu lecho.

Holgazán de quince primaveras,
Huyes ahora a la bahía de otro confín.
Aparece la luna.
Bajan de su pedestal
Los dioses infranqueables.

Para qué hablarte entonces de las carabelas, de mis
recuerdos de los indios y el gran río.

Madel ha dicho que una leyenda nos cubre con lanzas y
carruajes de tinta china,

Que la tinta china es sangre de los indios
Y que los indios existen todavía.

No pases por alto algunos valles en tu sueño,

A un lado, caminos; caminos que separan.
Y aquí mi corazón, Madel. En mi provincia de oro,
tus quince primaveras.

XXV

Las nimias causas humanas, Esas que en lo íntimo
Sugieren: «Yo era muy despabilado. No era iluso»,

Me tuercen la oreja.

Debajo de mi almohada,
Encima de lo que debo hacer,
A trote de bestia,
Lívido,
Cuando cae la noche,
Me dejo arrullar por putas y negociantes de mi barrio.

Después, en las mañanas,
Me sobrecoge una gran humildad, una humildad mayor.
Ruego de rodillas. Me doblo en el suelo.
Hablo de mi oficio que me obliga a estar recluido
Días y días;
Que me obliga a olvidarme de mí,
A mirar distantes islas
Y peces fuera del agua.

Es así, refiero. Es así.

¡Y verdaderamente hubiera bastado tan poco!
Prorrumpir en aullidos,
Torcerme yo también la oreja a modo de muchas caricias.

XXVI

La Extraña mueve el fulgor de mi sien.
Oh donna, Oh madonna, I love you.

Y ella responde:

«Yo no soy hija de mis padres ni
Madre de mis hijas.
Yo viajo porque siempre me veo obligada a viajar
Yo viajo porque siempre me veo obligada.
Yo viajo porque siempre me... agrada».

Parece que fue ayer. Veo de nuevo el puerto. Amigos que extienden el índice, y grandes abanicos, como una lluvia desde las terrazas.

Extraña, ¿mandarías mi alma, mi ánima sin cántico, al diablo?

Me postro de hinojos. Bajo la cerviz. Me auguro, bullicioso, la resurrección de la carne.

Y la vida perdurable. Amén.

Grito, a ver si oye el diablo.
Grito; me voy de bruces.
Me voy al hoyo. Miro los cabizbajos zamuros.
Detengo a la Extraña en la penumbra del zaguán: Váyase con lo que usted quiera.
Llévese lo que usted quiera,
Yo no le debo nada.

Voy hacia la clara imagen, con mi deseo.

(Vela, ruiseñor mío.
No me ignores en la altura de Tu Follaje Morado.)

FILIACION OSCURA
[1966]

Ultima mirada para mis ojos
todavía de mar en mar hacia ti.
Rosamel del Valle

OTRA VEZ OTRO INSTANTE

I

Por desvarío entre mis sílabas
La noche sin guía.

Por mi vigilia en la boca
El oro de viejos amuletos.

A gatas, de espaldas a una presa invisible,
El taciturno de hinojos en un abrazo hipotético.

II

Esta promesa hecha al azar y enfática: la línea del corazón no merma la unidad.

El rayo de sangre no es fisura íntima, esquiva a los jeroglíficos que teje la memoria.

III

En el paraje del fruto vano y el acíbar

Haga esto

Aquello

No atisbe al vecino

Cállese

No vaya por los azulejos

En los balcones no mire el sol

Y la lluvia

Cae lenta

Y me cubre con las dos manos el rostro.

IV

a Mateo Manaure

Sin la inhibición de paisajes nuevos,

En el augur el asentado en las cimas,

Con diez luciérnagas como una mano,

En el gran día enfático, Suelo que arraiga con
altísimas flautas.

V

Cielo sin recorrido, tierra áspera, voz infusa, dilatoria,
Pueblo taciturno que aviva su fuego entre mis cejas,
madre de noche sanguínea,

En lo inamovible
Sobre dudas y certezas,
Franqueo la línea de mi desarrollo.

De salir y atravesar la ciudad
La perplejidad de las cosas en vigilia

A domeñar excesos, a impulso virginal en el polvo de origen
De salir y atravesar la ciudad
De subir y descender el muro
Sigue el tinte humano
A ras de esfuerzo
Por dual unidad
La pupila con creces bajo misterio sin nombre.

En disertas endechas para evadirme sin sospechoso acorde y arco
Hasta el sonido frío.

VI

El tiempo ceñudo y frío y no otro. El tiempo en carroza fúnebre y sin ver mis girasoles.

Pongo la mano en el grito del árbol. Entrego al hambre de crecer una herida abierta o una estrella.

El peso único de esa noche cae del fruto. Mientras con señas fijas una vez ausentes, la piel de fósforo que hay en mis nudillos discurre en las bahías.

VII

Hago estado de ser hago estado de nacer

La rosa trágica del muslo suelta al cautivo

El pillaje de formas salva ese espacio abierto

El habla tuya y mía en altísimos muros, en
anchas márgenes de reflexión.

Desapareces y advienes, imagen mía en el vidrio,
susurro alternativo y constante.

El verdor en lontananza: gusanos de seda, orugas,
cerco de umbelas.

El sol que recibe de frente la gran noche.

El íngrimo resbala lleno de mí, a estribillos de
sangre y música tenaz.

VIII

Híspido, pero con mil alambres; ¡qué tensión en la pólvora!

Mi altura de ceño y sello.

Mi cigarra en el crepúsculo, mi picaflor en los visillos.

Mi áspid en el tatuaje.

Mi desvelo en la casa de nadie.

IX

Soplo el grano, paso el dedo en la llama. Me envanece la palabra que hallo, que busco en vilo, riberas arriba o abajo, absorto, pleno (de mí, del rumor), ahíto y solo.

X

Yo voy por mi laúd, descalzo
El poeta se ausenta en el árbol de mi mudez.
Recoge a la zaga, en confines, mis fetiches vacíos.

La ciega de amor en su cima no ve mis girasoles.

Miseria en mis viajes por tan exiguo equipaje.

El ímpetu, la evidencia abrupta de mi ausencia.
Por el náufrago ruega mi bella de brazos cruzados.

XI

Y todas las chimeneas nostálgicas

Y todo el pajarillo de existir

Y todo el verde ribazo marítimo

(En las bahías el zumbido de una flor)

Y todo cómplice

Preciso

Creciente

Y uno exclama

Y se envanece

Al margen

De rodillas en el país.

XII

La memoria es una copa frágil, te han dicho, y avizorabas
(con todo lo que nutre el olvido) tu sombra
En el parloteo fugaz.

XIII

Oídme:

Qué barbaridad la de palmotear el caballo flaco.

Inquiere lo imprevisto, se demuda y oye caer granizo.

Apto en su abandono, estría de ceniza.

Atisba, hiende la rugosidad o el polvo.

Parte con pájaros y soles minúsculos

Hasta el camino recto.

XIV

A caza de un hilo fijo para sostener la tiniebla.

A causa de mi guardián bajo llave que suscita el libre albedrío.

Al margen de mi imagen.

Al margen de vuestros soles.

En la queja comunicable a tientas de no ser lastimados.

Al acecho de no ser en trunco día la perdida revelación.

En el amor irreductible a mi puño, el amor con aureola de perfil y sibilino en mi sien,

En la siesta de la serpiente y el locuaz,

La gran araña del viento en mi pecho, la helada flor en mis umbrales.

LABOR

Un momento sentí la noción de las cumbres. He poseído como una melodía. Me aseguraron, antes de mi viaje, que yo no estaba hecho para escalar la altura. Vine como un cliente, de paso. Dispongo ahora de compañía, nos beneficia la estación. Franqueamos los mares cuando sale la luna llena. Quienes nos observan saben que trabajamos con las uñas. Somos entre los mendigos, los piojosos, lo último de la mendicidad.

Con sol veríamos nuestra sombra justa en el lago.

Quienes nos observan deberían amarnos, y ser menos esquivos a nuestros boscajes quemados por racimos de hielo.

FILIACION OSCURA

No es el acto secular de extraer candela frotando una
piedra.
No.

Para comenzar una historia verídica es necesario atraer
en sucesiva ordenación de ideas las ánimas, el
purgatorio y el infierno.

Después, el anhelo humano corre el señalado albur.
Después, uno sabe lo que ha de venir o lo ignora.

Después, si la historia es triste acaece la nostalgia.
Hablamos del cine mudo.

No hay antes ni después; ni acto secular ni historia
verídica.

Una piedra con un nombre o ninguno. Eso es todo.

Uno sabe lo que sigue. Si finge es sereno. Si duda,
caviloso.

En la mayoría de los casos, uno no sabe nada.

Hay vivos que deletrean, hay vivos que hablan tuteándose
y hay muertos que nos tutean,
pero uno no sabe nada.

En la mayoría de los casos, uno no sabe nada.

POEMA

El que sube y no halla un gran árbol de fuego, sino
el hierro de la flor,
la helada flor en su secreto abismo.

¿De la piedra a la candela al chorro dulce que llaman
colibrí
qué vocablo me pone en azarosa coyuntura?

Escarbo y sepulto. La escritura de mis pormenores en
el puño.

LOS VIEJOS

Parece que fue ayer, dicen siempre, y se agitan melancólicos. Buscan, dentro del orden visible, el pretérito. Cruzan el desierto con ese enfado maligno de ir o de permanecer. Llevan sol a la otra orilla en un cántaro de agua.

PERSISTENCIA

A Ella (y en realidad sin ningún límite). Con holgura y placer.

A Ella, la víbora y la abeja: La desnudez preciosa.

A Ella, mi transparencia, mi incoherente arrullo, el rumor que sube en las raíces de mi lengua.

A Ella, cuando regreso de las inmensas naves que hay en el cuerpo huraño con un sol inmóvil.

A Ella, mi ritual de beber en su seno porque quiero comenzar algo, en alguna dirección.

A Ella, que abre el sobre de mis amuletos.

A Ella, que en la balanza anónima de la memoria y en las horas finales prolonga mi presencia real y mi presencia ilusoria sobre la tierra.

A Ella, que con una frase insomne divaga en el umbral de mis lámparas.

A Ella, a causa de un vocablo que me falta y a la vez usufructo de un breve viaje que podría revelarme.

—Duerme, pero la obra humana es el instante; al dormir se cierra con furor la gran jaula.

—Despierta, pero esboza en las márgenes de tus cejas el oro próximo del sueño.

—Revuélcate en esa parálisis fuera del yo de los ciegos viajeros.

¡Adónde mi ninguna faz con años!

A Ella, los abismos que hay de mi amor a mi muerte cuando caiga a plomo sobre la tierra y en lugar de señales desaparezca el sitio de mi ánima sola.

Esta es la historia
de aquel verano en el azul perplejo

La tierra niña subía con los bambúes
Verídica y amorosa,

El Anima Sola se columpia en la chispa fastuosa de
los follajes.

(En la sombra hay ojos, las paredes oyen,
Hay tranvías, ángeles, coches de caballos.)

Escojo la vereda del río.
Piso duro en la casa de mis padres.

Miento.

Estoy en el sur, estoy más allá, muevo las aguas.

Es igual a morir,
Arrojar piedrecillas en un estanque.

Me miro en el espejo
La mirada me borra.

La ruta con espinas.
Esta es la historia.

El hambre que confina, la aleta del pez frío
en la boca abierta, el rayo de la separación.

La mano se abre a la vanidad del recuerdo.

AL PRINCIPIO AL FINAL

Si ella premedita dureza o ternura (O lucha en vacuas

direcciones),

Si me obsequia o niega,

Apago el conmutador,

Me veo con mansedumbre en el lecho,

Me toman el pulso, me hallo lejos,

Pruebo a la mujer de ceniza,

Unica de fruto, de cortar las venas e irrigar el vientre,

Oquedal de un badajo a rastras,

Al principio al final

Insomne en la misma constelación,

Hambre en nuestra holgura y unigénito sueño.

AÑO NUEVO

Sin ningún regocijo, rebasándome esta serpiente confinada a lo largo del cuerpo, ajeno a esta permanencia real, ilusoria de la mujer, en esta cavidad nocturna de estrellas errantes y sílabas confusas.

(Paso la mano sobre el olor de tu vestido),
Tu guedeja, tu pendón lunar;

    Más allá, más acá,

(Paso la mano sobre húmedos rastros)
Aclara la niebla del pecho
    un arco iris.

Echa tierra a la tierra de ilusión.
Aquí es inoficioso soñar.

De púrpura es la casa a cuestas en el viento
    de largos ramajes.

MENOS VULNERABLE

Menos vulnerable y base de rigor.
Confinado a la palidez y el grito de tu
 carne,
Llama ostensible.
Oleo grave y vellocino de nácar.
Fuerza que inhibe, que resiste,
Mujer que declina honores en el país solitario.
A tientas los flancos, ¡en la espesura de aquel rumor!
A la zaga nuestra sombra.
El aleteo de la espuma sube. La mujer es de agua
 reflejada.
Vive en la memoria de la piel.
Su salto en los oquedales
 rehúsa respirar por la herida en mi cuerpo.
Lo dicho, dímelo,
átenos con esta lengua de tierra
 la fabla matinal.

Más firme aún el sueño en el regazo profundo.

Esquivando honores, con una túnica de pliegues fastuosos, salí de mi cueva, palmas arriba, con la cara sobre tinta borrosa.

*

Vejete falso y coronado... Tu gran aureola...
puaf... tu índice en mi frente para que me acuchilles.

*

*

El mundo se me hacía hostil. Mis sentidos querían vivir en una perenne fiesta. Al cabo de los años te hallé. En duermevela te volvía a imaginar, con dos muslos firmes y una rosa de agua en la mitad del cuerpo.

*

Mientras reposas y tiemblas bajo el ala gigante del sexo, yo vengo a tu lado para que amaine la tempestad.

*

*

Llegar adonde te encuentras y me reclamas, supera mi fuerza. En este borde tan estrecho sólo me resta anhelar más vasto espacio en la pesada noche.

*

Con la sugerencia, el cascabel, el ritornelo, el trino, alargo mis brazos hacia el bosque nostálgico.

*

*

Tornasol de una cosa, no ceso de interrogarme por la otra cara. Arrugado en mi doble que lleva y trae el polvo sibilino.

*

Con nombre propio en el cojín azul de mi niñez, absorto en los sellos.

*

*

Me dilapido en la casa negra. El brillo de la bestia asoma furtivo. El canto de la naturaleza es un pájaro errante. Nace entre gritos el mundo a mediodía. No estamos hechos a la riqueza del invierno. Azota el árbol que nos rodea.

*

Me dilapida el tiempo: Lo imborrable, nulo, socava mi quietud.

*

*

a Rafael Cadenas

Repite la frase:

Cuando nos echaron de la ciudad (porque mirábamos en
demasía el colibrí), abrimos la ruta que tiene mil pétalos,
y ya viejos, no exentos de alegría, nos restregamos
los ojos con piedras.

*

*

Narra la travesía, pierde el pudor. Tú no eres gajo, grumo ni silencio. Tú no eres inútil en el país del viento.

*

Si vienes de hombre y mujer pasea el fantasma y la aureola terrestre como el agua en un mirlo sobre tu cabeza.

*

*

Hechiza y oprime con una hoz la mujer. Tengo que vigilar día y noche para abolir mi grito. Pero desde lo incognoscible de la especie su fuerza viene hasta mí porque me enseña en el libro y en el tiempo. Tengo una grieta en su rostro y en el enigma de ser.

*

Lo huidizo y permanente
[1969]

I

Lo que no me tiene en cuenta
Lo huidizo y permanente
Se juntan dos cuerpos y el alba es el leopardo.
Mi quebranto
Salta a la faz del juglar;
Si entras o sales
Turba el eco
Una aureola densa;
Si piensas,
Llama en diversas direcciones la tempestad;
Si miras,
Tiembla el fósforo;
Si vivo,
Vivo en la memoria.
Mis piernas desembocan en el callejón sin luz.
Hablo al que fui, ya en mi
   regreso.
Sólo me toco al través
   con el revés
   del ramaje de fuego.
Por ti, mi ausente
Oigo el mar a cinco
   pasos de mi corazón,
Y la carne es mi corazón
   a quien roza mi antaño.
Si entras o sales,
Vuelve al amor la confidencia del amor.
Dime
Si quiebro con los años
   un arcoiris;
Dime
Si la edad madura es fruto vano;

La mujer agita un saco en el aire enrarecido
Baja a la arena y corre en el océano;
Al amanecer,
Por ti,
  mi ausente,
La crisálida en forma de rosa
Una rosa de agua pura es la tiniebla.

II

Porque dispuestos a partir. (Así comencé una vez.) Pero me vi, inmóvil, en el libro donde centellea la mano. Y me detuve largo tiempo. Encima estoy del puro rememorar; y el can mío se duele en otoño.

III

Aunque la palabra sea sombra en medio, hogar en el aire,
soy otro, más libre, cuando me veo atado a ella,
en el alba o en la tempestad.

Por la palabra vivo en aguas plácidas y en filón extranjero,
fuera del inmenso hueco.

IV

En el lecho se cierra el mundo. O se abre. O se atisba con las chimeneas azules y las ventanas. Oh astros muertos que veo erguidos, besos en los pasillos y en los vagones, sombras que escucho. Esto que mira el sol y se prolonga en el río es la bocina del viento. La noche intacta del sexo es una víbora en el cuello. Al derramarse esa agua primera nos acepta el tiempo, un instante. Palpo sin medida tu cicatriz. Húndete en un abrazo conmigo, aunque te reclame otro lugar. Estoy por una razón misteriosa con la evidencia de tu carne, mientras sin comienzo ni fin doy vueltas en el gran zumbido.

V

Me pongo a temblar en la noche llena de sonidos. Absorto en mi labor, no me doy cuenta que el tiempo transcurre. Mi oficio es como la lluvia: acariciar, penetrar, hundirme. Observo la tinaja oscura. Alumbro una lámpara en mi duermevela. Siento mi arruga y mi enigma, pero ¿dónde el hallazgo por venir, o una mañana clara en las calzadas?

VI

Cuando regreso del viaje imaginario, me abandono a reír. Una jauría de lobos acoge con amor mi cervatillo insomne. Entre aquellos árboles altivos todo el rumor de mi sangre y mi desvelo.

No que la carga sea abrumadora, prorrumpo. Ni que forzara las puertas con el dedo meñique. Ni que me asustara volver aquí, a la penumbra.

Cuando regreso del viaje imaginario, vivo y yazgo en el puro desierto. En lugar de advenimientos y honores, la soledad tañe aún la campana en el bosque.

VII

Calla, cráneo obtuso. Rinde cuentas, insidiosa memoria. Al filo del alba hay que omitir tu propia razón, tan firme en el polvo. Y el olvido de sí que para sobrevivir requiere el hombre. La bala crece en su cuerpo: hay que admitir el blanco exacto y certero. La realidad le hace invisible o juega con un cuchillo a ciegas. O bien es grumo, zumo negro que nombra con nostalgia la piel.

VIII

PRIMERA JUVENTUD

Qué fuerte esperanza, me decías. Y flotábamos en las nubes del recinto dichoso. A uno y otro lado, la cascada luminosa de mi amor. Elegí el flanco justo donde brilla el río. Por breve lapso salté hacia el destello no esquivo. Ahora es el otoño que horada mi casa solitaria, el espejismo de la visión a espaldas de nuestra reina madre el sol.

IX

Si fui visitado, si estuve con mi sombra, si remonté las colinas, si escuché el lindo tren contento de echar humo.

Por abocar la vida con lo extraño al derrumbe, el tiempo toca a tu puerta, el pequeño grano de la resurrección.

Parte vulnerable y de temor, me doy en la penumbra. Nos paramos un instante, en un mar de enredaderas azules, a mirar el colibrí.

X

Oh Tú, Fetiche Solar que nos devuelves huraño el mundo. Casas abajo, bloques arriba, o cerca de las palmas reales, henos aquí en el relámpago virtual de nuestra vejez con la mejor mueca, ya somos apenas visibles, extraño: Vamos a patear la dura tierra, Oh Tú, liviano de peso, ave de paso, sin peso paso a dormir. ¡Hala!, ¡arre!, y tizno la tinaja y estampo el aullido.

XI

Si vuelvo a la mujer, y comienzo por el pezón que me trae desde su valle profundo, y recupero así mi hogar en el blanco desierto y en la fuente mágica.

Si alzando los brazos, corto la luna.
Si pregunto: ¿y nuestro amor?
Si ella y yo nos encontramos muy ufanos.

Si la mujer sensible se inclina de nuevo a la tierra, Estrella cálida, azul y azur.

Si se detiene bajo la lluvia, inmóvil, más inmóvil que todos los siglos reunidos en una cáscara vacía.

> Si en la grey estamos de paso y vamos aprisa. Si la vida teje la trama ilusoria. Si es difícil en las condiciones en que trabajo, ser la compañía de nadie.

Sin fingir y sin apoyo en las varillas mágicas de la loba, no olvidas comenzar por el pezón.

Si con el mismo ojo del precioso líquido que es la tarea de las nubes.

Si son desenvueltas mis maneras me pesa el habla.
Si no nos pillan.
Si salgo en lugar de los pensamientos.
Si borro el brote difuso en mi desvelo.
Si hace frío, si la mañana es clara.
Si vuelvo a ti, si muero, si renazco en ti.

Sí, en el interior; es mi promesa. Si esta irisada raya, relámpago súbito, oh Solo de sed.

Rasgos comunes
[1975]

EL CIRCULO SE ABRE

a Humberto Díaz Casanueva

El círculo se abre, ¿ves?, ¿no oyes como si hubiera gran brisa en los árboles, no escuchas las palabras sin sentido de una mandolina? Que regrese a nosotros la dicha que tuvimos y el páramo. A fondo, memoria mía, para que no extravíes en la estación final ni un átomo en las cuentas de la angustiosa cosecha. No te vayas a olisquear recuerdos, proseguía el encantado jardín; no nos abandones, reina madre, murmuraba nuestra familia de huérfanos; dame un punto de apoyo o una saeta exacta, continuaba la niñez mientras comía unas fresas. No te vayas, arduo otoño, exclamo ahora, déjame asirte y baila arriba títere de mi corazón que tan bien sabes dilapidar la leche del gato y el cántaro de semillas, y que con la ayuda del tiempo me rectificas y alzas con el sonido de una pelota bajo la lluvia.

Interrumpida mi plática, vuelvo a hablar contigo de la partida y el regreso. Todo sucedió a vuelo de pájaro, belleza: a la vez mundo compacto, cerrado y libre. Al abrir los ojos en la llama fría, era un lorito ufano; te busqué de verdad, lamía en la sombra tus huesos, santa perra. Aunque me ausentara de ti, aunque me cubriera el ridículo, aunque estuvieras más allá del resplandor que me envuelve; quizás cercana a la bahía, en pleno mar de verano, en medio de las palmas reales.

REASONING

Los hombres de heteróclitos oficios viven en el cautiverio. Los embriaga un hada lisonjera y cruel. El pez espada no les sonríe, la furia del moscardón les impide ver. Los hombres de heteróclitos oficios no voltean la faz ni marchan tampoco al trote, y no esperan. Ay de nuestra presunción y de nuestra historia, jóvenes ligeros en el viento.

PIENSO CON FRECUENCIA

Pienso con frecuencia en el día que pasa y en los años que me fueron negados. Sin embargo, el jazmín de pie se vino de bruces e invadió la casa. Me regodeé con la mujer encinta, toqué lo que le faltaba. He sentido también con su piel la tierra, y me he visto envejecer desnudo.

(Has dado vueltas al reloj, persona que desvarías. De golpe tuvimos tú y yo toda la claridad. Nos vimos llegar victoriosos e indemnes a rehacer el camino, a referir lo vivido al sueño.)

INOCENCIA

Cuando pongo la mejilla en esa melodía, recupero un instante la ciudad perdida.

Vivo sin leño ni lumbre, señuelo en pos de ti.

Por encontrarnos en el mundo, nos cubre la llama que da pavor. Soy de pies a cabeza la gran vacilación del hombre. Mustio, trago a cántaros el olvido y la tiniebla.

POETICA

No íbamos a incursionar en el sitio que ocupa el rayo con brazos de roble: su furia despejaría nuestra pobre cabeza, llena de vino y vanas ilusiones. Usted es quien me dirige la palabra, señor que dispone en fila las luces de bengala (repito su eco, trago su anhelo y su espina); usted es quien mancha el papel sobre la mesa, mientras la cacería verdadera ocurre donde no hay límites, quizás en esta grieta visceral al filo de la hermosa fabla y el lustre lejano.

UNO SE QUEDA AQUI

Uno se queda aquí, huérfano, en la ribera lejana o en la escollera. Luego viene la mueca que es el pensamiento resignado, y una manera de considerar que nos hallamos por cierto tiempo en buena disposición física, y que luego también nos iremos de viaje. Pero no, siempre no, bosque perdido e inasible. Si nos fatiga la cicatriz bella del país y la cáscara de los caminos, si nos divierten algunas arañas en la pieza diminuta que ocupamos, si no podemos desprendernos de los amigos que sollozan con nosotros, si no disponemos para la travesía con fajas de leche y pan, si no podemos escapar, aun en puerto seguro, a los brazos de la alta y la baja marea.

HOY

Voy a disponer en fila india mil lanzas contra el asfalto del cielo. Vengo a sellar jarras labradas; a detenerme en la médula, en la piel, en la flor. A nivel de la concavidad marina, sacaré el pez, de cuajo, con una vara de estrellas. El mundo se halla hoy al alcance de mis ojos tranquilos, y vivo en el reflejo, en línea recta, su claridad concéntrica.

Me volví a ver con aquellas damas en el poyo de la ventana, volví a oír decir *niño estése quieto*, sentí que se anulaba el tácito dolor y volvían la fantasía y la memoria con sus firmes progidios, busqué por el mundo sin nombre mi país en el desierto, me deslicé en la arena y corté el mármol sonoro, busqué y proseguí.

Me volví con vaivenes rápidos, circulares, de víctima. Como si no pudiese abarcar nunca, en mi estupor, la onda roja en el fuego ni el día inicial.

OH EL TRASPIES

Oh el traspiés, el hueco de nuestra sombra, y ninguna lágrima redonda. Oh muy tunante que olvidas, muy parlanchín, callas ante los verdaderos misterios. Apuras el sabor de lejanos mediodías. Pero el tiempo se pegó a tus botas, la nieve que quieres arrojar por las ventanillas del tren. El tiempo que es un tambor en el vestíbulo de los desconsolados. Oh aquel susurro en el viento mudo de la hora febril.

POEMA

La selva roja murmura, murmura, y de repente es toda la realidad del corazón mi selva roja. Y ella que es un péndulo que oscila en el gemido, mi selva roja, y ella que exclama con saltos leves de dicha, mi selva roja, en la ruta que conduce hacia ese hondo bosque fuera de la tierra anónima nos deja estar en ninguna parte y olvidarnos, nos deja no resbalar en la cosa que se evapora, nos deja la mediúmnica voz de nuestra certidumbre, y en paz, sin magnos errores, mi selva roja.

SI COMO ES LA SENTENCIA

Los juiciosos, bien mojados desde su cuna con la punta
 necesaria
de la sabiduría
bien mecidos desde ahí
 con apetitos
que no son fatales
jamás,
 ponen ni dichosos
ni trágicos
 las varas de la ley, y fijan límites imperiosos,
y en la picota nuestra jerga boba muy ribeteada
con flores y pajarillos.

Si de una parte,
como es la sentencia,
el mortal amado por los dioses
muere pronto,
 aquella plaga
 por el contrario
sobrevive a todos los inviernos.

No te vayas a atribular,
tú,
 que no tienes
planes hechos para el futuro
y que empujas el musgo
 de los días
con tu trauma y
tu hierro marcado al rojo vivo en la nuca.

PREAMBULO

Prueba la taza sin sopa

ya no hay sopa

solloza hermano

prueba el traje

bien hecho

a tu medida

te cuelga   te sobra por

la solapa

nos falta sopa.

ENTRE AMBOS

A la intemperie nuestro candor. La figura de nubes en el espejo de tu casa mira mi abrigo eterno y mi desnudez. Bonito está el mundo, mis mayores en paz, y yo estoy hecho un ovillo. Valor entre ambos, Tristán Tzara; coloca tus juguetes de juglar en el pasto crecido, no aguardemos a remolque ningún obstáculo que inhiba nuestra frágil chalupa.

POEMA

De esta suavísima, tierna, relampagueante palabra
hay un oscuro susurro,
ella vuela sin cascos como la perdiz
o se recoge en el hueco de
tu mano;
hasta que no la halles
continuarás en el reflejo, en la mitad
en lo entrevisto;
o revolverás tus legajos,
lleno de atribulado silencio,
mientras no sabes si
apagas o no tu endecha fuera de
tono
o calientas con el borde
luminoso de tu mejilla una campana.

EL CABALLO

El caballo que olisquea mi sombra a ras de suelo apoya su pata delantera entre muchas hojas y abismo. Caballo, fábula de muerte en el viento, mientras la muerte se disipa en blancos páramos. Oh mientras gimo por dentro y río por fuera, el rumor de tu noche negra en mi duermevela a través de luciérnagas.

NUESTRO PRESENTE

Nuestro presente es futuro. Nuestro futuro, inalcanzable. Vivimos en el sueño y en la realidad. Comemos nuestro pan cada mañana con los dientes de Berenice que está tranquila en su tumba, y sepultada.

FORTUITO

Si no estuviera suspendido en el aire, aquel sonido. Si el hombre bajo el firmamento no fuera una rota ausencia. Si no nos volcara en la nada nuestra infinita raíz que espera. Si no estuviéramos a la orilla de vastos ríos solares, con nuestra pupila enigmática a algún lado en la sugestión de la noche.

NO FUE

No fue la diosa de los bosques más hondos, ni ella cuando bajaba el último peldaño, ni él envuelto con mi fuero íntimo, ni las dos fablas de pie, hombre y mujer, ni esta arcilla o aristas bien duras, oh mañana, evidencia real, y cómo nos seguías a nosotros llenos de amor y evasión en el occidente huraño, y cómo se agitó en el lecho aquel crepúsculo que seguía a nuestro tiempo, la nada, las voces, los ecos, las fuentes, las parcas, o bien una y otra cascada luminosa en la torre del viento.

YO NO SERE

Yo no seré explícito o enigmático o tú no serás la rosa
en fuga o la piedra dura qué locura
del hoy de mi ayer que en mi mañana a menudo hora tras
hora o sea esta noche
se apagan los miembros del diamante en los ojos de mi
amante
topo una gruta impenetrable
abro mi abecedario ovillo para que en mi ademán se
filtre la luz
y cual nos viéramos mi dama y yo yendo de paseo
buzos reclusos qué ebriedad qué risa
y la arena frágil del corazón
la redonda manzana en el agua de nuestros labios.

TRAYECTORIA

Cuando os veo vacas verticales y sagradas, os veo vacas próvidas, os veo de cerca saltonas en las veredas, hembras para el macho con aquellas ubres, dando tumbos vuestro blanco licor, fuente de Adán en nuestros paraísos,

cuando os veo y la luna llora también como un camino abierto de frente a vuestros ojos,

cuando con excesos de vida os derramáis, cuando estáis oblicuas, rectas, agachadas, bien dispuestas,

bellas a boca de jarro que inquieren a nuestro alrededor

no las nubes de Kioto

no los techos de París

ni sólo viajes

velas o el mar oceánico

y que nos padecen y divagan por nosotros

y así nosotros por ellas en tanto que amantes,

jirones de tierra en la duración.

PREGUNTAS

¿A quién la congoja, el recuerdo, la experiencia, a quién aquel lugar que nos crispa, nuestra sombra; quién a dos pasos de mi alma, dónde la opulenta matrona, globos y locura en el madero de tu pecho por Dino Campana?

¿A quién decir soy, no en el mundo y sí en el mundo?

¿A quién la urdimbre inútil, el laúd, la tierra y
el cielo, los astros muelles?

¿A quién los nidos altos   blancos   azules
habitables   en el agua profunda y
serena de tu cuerpo   de perfil?

HORA ENTRE LAS HORAS

Hora entre las horas frente al texto inmóvil
o las pupilas de Valparaíso

lindo tren contento de echar humo que iba a La Guaira
como el talismán vengador

tu mano en el primer peldaño
corre un ave ígnea a horcajadas de ti en la palabra
grande o pueril
la luciérnaga adentro o afuera
de tu enigmática maleza oscura

bien

atemos
frases
fragmentos
nociones
uno y otro equívoco e hipótesis habituales
ensayemos máscaras estilos
gestos diversos

dale y dale a tu campana en la inmensa tarde

van a cebar y degollar tu sombra un día de sol

y que emerja la cavidad
el alba

aguardemos aquella imprevisible ofrenda

debemos parar esta broma en seco
¿me oyes?

debemos excavar el túnel por un mínimo
desliz de tierra

debemos dormir por la boca del túnel
que sube y baja

no te vayas por las ramas proseguía mi sombra gacha

quién sabe
y qué podemos saber nosotros

grande o pueril azoro
nuestro atribulado silencio.

VARIACIONES I

Cuando tú sueñas, holgazán de quince primaveras, no te das cuenta de la vida, y ríes con bella risa intrínsecamente tuya, en el leve vaivén de tu lecho. Holgazán de quince primaveras, huyes ahora a la bahía de otro confín, aparece la luna, ¿para qué hablarte entonces de las carabelas, de mis recuerdos de los indios y el gran río? A horcajadas en el pupitre, el pez espada de tu corazón surca las aguas. Pero ay de mí en azaroso vuelo, ya se oscurece el camino, me evado con mi tormento y mi plazo vencido; mi arruga en la hondura me lleva de viaje; el pino nocturno, frondoso y enigmático como una cruz de madera en mi alma desnuda.

VARIACIONES II

Por paradójico que así sea... (decía mi maestra). Luego cabalgaría sin darse cuenta, a través de pupilas enigmáticas, uniendo las cifras del ábaco, las breves islas ilusorias de nuestro mundo. Hoy puedo subir hacia la alta colina verde donde la cascada resplandece. Sin embargo, no regresaré nunca a mi ábaco de madera. Saco la lengua para no encontrarme melancólico o llamando a ciegas. ¡Las murmurantes voces, como el gorjeo de un pájaro, ellas, entre las ramas profundas y ligeras de un árbol a otro!

AQUEL MEDIODIA SONORO

Aquel mediodía sonoro. Con un poco de escalofrío a veces.
Eso es todo.
Y tú
    más alado que el monte con rocío en su talle,
más ciego que el colibrí con su candela que golpea
las baldosas.
Y tú
    dijo el mar al melón
y la merluza venía hechizada.

Entonces en un parpadeo del alba viré en lo
hondo. No al sesgo, no a la zaga hinqué el diente

(como quien se recoge en un gesto de inolvidable furor);

y me puse de pie, muy altivo, cuando arrimaba trece pliegos
de diversos colores a mi follaje de fósforo.

CONDICIONALES

Si espero no renunciar a ti   si espero alcanzar   si alcanzo
  si no alcanzo   si esperando alcanzar alcanzo   si debo
comenzar por la ruta difícil de la larva y la oruga   si subo
  bajo   y me reconozco indemne   si abjuro del latigazo
el sufrimiento   las inhibiciones de persona a persona   si
fijo   fuera de tono   en fila   surco madre   mi socorrida
mustia aureola evanescente   agua fuerte del paria   chopo
sonoro   caprichoso hosco alegre lívido   horror tranquilo
en la red abierta   como si no viviera   para llegar a ti.

PROFUNDAMENTE

Profundamente los muertos tienen sueño, pero ¿qué hacer? Luego se halla con ellos el ídolo del vaho y el humus, el lento y fortuito reptar en medio del follaje trémulo o el miedo que los consume como mariposas blancas o rojas detrás de una lámpara. Si quieren pronunciar nuestros nombres, la noche cerrada les impone muros altísimos de ardorosa ley. A veces agitan sin embargo una máscara que ruega y aúlla en la penumbra sobre nuestro perfil y tallan por el pozo de la roca, brechas en línea recta con ases de oros, rumbo a atribulados, fríos arcanos.

ANTES DE DAR FORMA

Alguna vez

antes de dar forma a tu visión

crece sin pausa

el niño que fuiste y que quiere unirse de nuevo a ti

en las montañas altas.

Alguna vez avanza nada casual

hacia el centro de tu morada hermética,

y no hay evasivas para ti

y ya no empujas inmensos bloques de hielo

entre las rosas y el miedo

y hay fragancia para tu pecho

cuando bajo la hierba o el cielo

brilla el carruaje firme de fuego.

OFRENDA

Esto debía ser ejecutado de manera rápida. Pero, ¿este
corazón de quién es, quién mueve atrozmente sus
once susurros y sílabas,
quién lo quiere?

¿Por qué van a degollar dicho buey,
por qué liman mientras tanto el lenguaje
inocente y peligroso

y viene por esa delgada raya y no otra a aullar
el corazón entre el día y la noche como estrella
de piel lo mismo que nosotros?

ESCOGES

Escoges qué vibración para empezar

En la alcoba oscura hay una llama que tiembla

Las ruedas que mecen el mar son geranios

Alternas las ensoñaciones fugitivas de los vocablos

El verde es un corcel lóbrego

El paso boquiabierto del sol

Quedito canturrea un horizonte ciego

Reclamo de presencias

Eliges tu amor ubicuo

Sus fogatas y su cuerpo de vasto río

En el ser bajo cornisas que protegen

Hinchas

Despliegas las velas

Y arrastras con ojos y hambre el estribillo incierto.

SIGNOS PRIMARIOS

I

A las puertas de tu vida hay una casa sola. Entre tu imagen y el horizonte, águila en el hombro de ningún centinela, ella se deja estar. Indócil en ocasiones a tu amor, trasciende lo creado, la flor y el agua. Rectifica, señala con múltiples bifurcaciones el hoy de tu ayer. Escarba la loca mordedura de la cicatriz y el polvo. Abres una brecha en el vaho para tocar adentro, sin grandísimas culpas, la pulpa de tu vellocino. Giras derecho hacia sus flancos y muros, recorres los inmóviles corredores con un anillo de oro que pertenece al sueño. ¿Quién quiere volar escaleras arriba para hacer un eslabón de tiempo con el espacio cierto, quién te abriga y no destierra el ángel en tu sien en la inmensa mañana, bajo el peso y sordo rumor de tu casa real e invisible?

II

¿Atizaron leños aquí, dádivas o leyendas tus abuelos? A ellos les tocó en su momento vivir otra forma, y aún en sus horas vacías por nosotros, su tristeza es inconsciente amoroso. Nuestra adhesión que es de huesos, médula y espuma visceral, los despierta del más largo sueño. Tenemos dos opciones frente a ellos, la fidelidad y el candor, y durante el diálogo, sacudir la memoria a merced de nuestro ayer o mostrarles un delgado volumen de estrellas errantes aquí en la tierra, o fanáticas rosas muertas con el fuego oscuro que bordea los precipicios.

III

A semejanza de quien borra una frase de un
manuscrito inacabable,
llueven las grandes persianas herbóreas,
corre la primavera y la juventud, un río
muy perezoso se desliza en el pasto.

Los labios en una grieta sobre nuestra raíz.

Pasamos.

(La boca roja es la mudez.)

(Sin una lágrima comemos a los muertos.)

Pasa aún el tiempo.

(La última rosa que trae nuestra exclusiva
hermana.)

IV

Llenamos una cesta con piedras duras, y vimos que era una estepa blanca o negra donde cabalgan locos deseos, vadeamos luego el gran río que denominan destino como en sueño, a través de la muralla de girasoles y el centelleo del canto, muy contentos por proseguir y transcurrir.

V

De nadie es mi sombra. Tuyo y de nadie es el camino abierto.

De nadie es mi luz: se encorva en mis bolsillos como una sombra más, la nada en común del girasol.

VI

Nadie me ve estos ojos, los desesperados ojos como cosas escritas en sueño. Nadie me ve sentado en una silla de oro tocando el universo simplemente con la marea que roza labio a labio mientras afino mi flauta con la ley de los pájaros.

VII

a Juan Liscano

Tienes nombre propio
si excavas dentro de ti
y rechazas el miedo a morir
que lleva a morir
y aceptas el verbo que conduce
al silencio.
Piedra escrita del tiempo arrojada aquí
a nuestro lado
con los tallos frágiles en que reverdece el espíritu.
Libérame por mi hambre, de mi hambre
y por mi sed, de mi sed.

VIII

Eco de indócil rumor
una rosa segrega secreta
y me lleva insomne
                                        en el vivir real o ilusorio
sin norte insonoro, Rose Selavy.

IX

Suenan como animales de oro las palabras.

Ahuyentando los límites mojarás el todo y la nada para sofocar el vértigo, y ellas se convertirán en muchachas de algodón.

X

Hemos comenzado con una arenga y

con frases oblicuas que amamos

y sus cabezas plateadas de gallos azules.

Hemos comenzado o no, dama dulce

y gruñona, y la enumeración lúdica

corre en el viento, sobre la diligencia

purísima e incomprensible, mientras nosotros

pasamos borrosos, más o menos mutilados.

XI

Menos oblicuo que mi faz de muerto, y anhelante se zambulle un pez; en la torre nebulosa del mar va el pez, sin el ojo rosáceo de mi culpa. Cien veces clamo como el pez de asible diamante, con la extrañeza nocturna en la boca.

XII

Sostengo el árbol que acreciento. Y al astro redondo lo cubre una selva de hechizos. Tú pasas descalza en la noche como el relámpago en el corazón de la corteza. Con mi índice pulo lámparas en tu pecho. Una joven visionaria me busca en el sol de los macetones rubios y coloco en ella atención máxima hasta inscribir su nombre en la realidad y labrar mi deseo.

ELEGIA

Dardo
    Faz trunca
Segado Nilo
Ha bajado en los caminos otra vez el estío
Hemos ido al manantial
    insomnes
Sobre nuestra angustia el aura vertical de la
quimera
Padre en la penumbra sin comienzo ni fin
La torre trémula mueve doce campanas
    exactas
Excava
    errabundo en el abecedario
Con tu peso de agua
Y la hiel de alguna pena
Guarda mis ojos fieles
Cerca o lejos
Ahora mojas con otra lágrima o sonrisa el recuerdo
Qué
    habrá
allá
    alrededor
indaga el talle humano en su vidrio de sangre.

NO TE EMPECINES

No te empecines: fija a tu relámpago el oro extremo de
sílabas.

No mientas: tu valle profundo es la casa hechizada.

No ilumines nunca lo vacío. No expreses horror.

No tiembles por esa lágrima de plomo
(de lo que no vuelve nunca o no hallas nunca).

La memoria olfatea a tu reina vestida de gala.

Consta de unas cincuenta plumas el gavilán. Cincuenta.

Sin embargo

No devorarás más tiza en Trinidad o Maturín.

No estimules el grito haciendo equilibrio entre el bien
y el mal.

El ligero crepúsculo no es cordero de pascua.

El desgarrón del otoño es tan poco simple como la
tempestad.

Tu asombro es eficaz como el tacto de un ciego.
¡Sopla nieve loca entre los pinos! ¡Jadeante pomposa
desconocida vastedad azul!

¡Sopla por la nariz el día y el plato por la sombra del
arcángel donde brinca la nada!

El ave resbala por intermitencias en una mesa con huesos
de pájaro.

El ave que se transforma en espíritu.

La noche es una piedra alta
colocada sobre las estrellas del cielo.

Más próximas sus manos
más cercana   toda mía

más cerca el amor   más cerca y salvaje que gime tu mirada.

Espera   no te empecines   empínate talante propio.

CUENCO GERMINAL

Viro contigo cuenco germinal
viro contigo y vivo en ti
con mi artífice y mi fingido color
y el mandato para encontrar tu umbral y tu paso

nos protegen enjambres de angustia y algunas vislumbres
—germinal cuenco benévolo—
llagada razón de ser

y a la gran boca ávida
sigo fiel donde reposa el mango
donde estalla la corola

aún bajo nuestra sombra el día descorre los visillos

lo imprevisible era estar aquí

esculpir un torso a la noche

posar en nuestra casa casual

y entramos en la morada que nos dio el alma a penetrar
y mi abismo, el deseo, la puta feroz

hontanar de voces y en el principio, inmovilidad

nos consumimos a toda prisa
deshechos en la vibración al tocar

untados de sangre sobre la hierba prófuga.

EN FIN

I

En fin
    la inquietud para zafarme del miedo es
    mi pan.

Arduo y reseco clamor,
    yo vengo de ti con melancolía en el nombre.

Señora, reina núbil, amuleto y amiga,
    incesante desvelo.

Solemne,
    encarnada en una estrella
    Felipa baila el tamunangue.

II

A existir convinimos, reservo espacio para ese ser
que me constituye
y es sal en la roca del tiempo
y resplandor que anula el grito,

mar en el pecho y a ras del zumbido.

III

En el albergue perdido mi búho
de tensa pesadumbre.

Mi hielo que hace
chitz chitz
por la boca misma
                    del destino.

IV

Vas a acrecentar más seriamente el penacho, será como un vocablo pronunciado en las oficinas del correo, que lleva un mensaje duro, difícil, a la península. Un penacho de humo es cosa curiosa cuando mucho y que a nadie interesa. Sin embargo al cruzar aves acuáticas y rocas de páramo hallarás detenida y altiva esa flor en el aire sobre los campanarios, ese farol único.

V

Esta madre con saliva y vestido taciturno,

lame mi pómulo;

toca el rayo que cuelga entre ambos

y es

comienzo y fin.

Se dilata en mis dedos para prometerme

el dios de soslayo

y la luz por los poros abiertos.

Para mi sed y mis vasijas grandes

en nombre del silencio de las palabras

con sonido o color o énfasis

el tallo virgen, único, que oye y sesea

contra el viento.

VI

Abstraemos
una pequeña escala una enfática bocina o vago tartamudeo

por cualquier tierra húmeda o con sol o aromas de las Indias

sin parches abruptos en el mirar

por nuestra faz diurna y verbo que bosqueja la noche

por la montaña en éxtasis arriba de los cuerpos que se aman

por un ramo de magnolias que es de igual modo la blanca

bahía de tus senos

por el ala viva del corazón que nos salpica y roza,

témpano y duda,

címbalo

y alucinado caracol azul.

POR CUAL CAUSA O NOSTALGIA
[1981]

IMAGENES

I

Tú, que asimismo
en la copa de tu verbo
desbordas el líquido.

Yo, que despeño tu grito
cuando mi sombra o mi noche
soplan el fuego.

Como páramos
—así, como
páramos—
nosotros que rogamos y aullamos en nuestros
surcos de hielo.

II

Luciente peso
                        remoto y remotísimo
de la ciudad que se llama
                                        Quebec
donde no he estado nunca

entonces escaleras arriba y abajo
me lleva   me lleva una lágrima

entonces encuentro esta blanca ventana
le pongo el índice y creo que
es una dama de Quebec

y vuelvo
            por solitario
por mundano
                        para crisparme o no

y estoy
me veo
      con el as de oro dando tumbos
      con los mismos ojos en el universo grande y pequeño.

III

Esta es la abeja: Zumba en el fruto elegido
Esta vez es mi padre: Me espera en Vigo

(frente a los humanos debe transcurrir
y hacerme señas)

he aquí a mi reina que tiene el tamaño del aire
y cuya piel y tacto son el tiempo

he aquí a Vicente Gerbasi que trae una lechuza
desde el cerro del Avila
y una ardilla de alquimia

Y este que soy yo: blanco y anciano en mi libro.

POR CUAL CAUSA O NOSTALGIA

I

Con
el ojo
de la almendra
que
sueña

Con
la cara
de alguien
que
parece
vivir
en la perdiz que relampaguea

Con el
murmullo incomprensible
entre
unos
y otros

Con
el entendimiento
que basta
para alcanzar la locura

Sin tener
con qué remecer nuestro árbol de manzanas
acres

Sin

un trébol

durante largas noches en vela

Sin resucitar

ni

yacer de pie. Sin un poco de todo. Sin nada. Sin un poco de bebida de tilo.

II

Oyeme tú
simple
        complicado
                vivir

pues me dirijo a ti
bajo la lluvia cálida   en el día
y he de retornar a la irremediable noche
muerto
a la manera de un novio que brilla
entre oscuros ramajes

desde tu pecho óyeme
pues me dirijo a ti
con palabras anteriores
a cualquier reflexión

—las menos relativas

cercano dolor
                que me incorporas
que me acompañas
cuesta arriba y
                febril.

III

Ahora
es la hora
y arena
es mi talle
y rodeo
caprichoso
el finísimo desierto
pero ahora
es otra vez ayer
y juego
a los bandidos y con
soldaditos de plomo
(aunque el campo
de mi canto
no da al mar)
y el barniz
el tinte
el calor
de un pobre grano
de maíz
que muevo
con el pie
a ras de tierra
centellea.

IV

Me siento sobre la tierra negra
y en la hierba
humildísima

y escribo
con el índice
y me corrijo
con los codos del espíritu.

Hilo mis frases de amor
a la intemperie
bajo los árboles de muda historia.

Celebro los olvidos eternos
de mi tierra negra y ensimismada.

Al fin   por fin
hago este día más límpido.

Y un caballo de sol
que se asoma a lo imposible
como estrella de mar
fugaz
relincha en todas las ventanas.

V

En medio de lo exhalado
o perdido
                    se nos muestra
en un abrir y cerrar de ojos
el abismo de piedras sólidas.

Con el botín de rosas revueltas y apiñadas
con la susodicha memoria y un
gran amor esquivo
y algún mirlo a cinco pasos de nuestra queja
iremos e iremos.

Frente a la desgarradura
y el brote de renuevos

al fondo
          en lo arduo
el abismo
de
piedras sólidas

como quien imagina formas
y soles

iremos.

VI

Desde mi
casa
a
una calle de rieles

desde una calle
de rieles
hasta mi viejo suburbio

incandescente
voy a revelarme
con gestos magníficos
ante mis mayores

hay siempre
también algún otro
zumbido ritual en la memoria:

voy a quemarme en ti, aroma profundo.

VII

La nieve se ha abierto camino
ha apurado el desenlace
para que nos halláramos a gusto
y encandilarnos

trabajamos cuántas jornadas enteras
sobre el lomo
de grandes animales
y llegó
en la tarde incierta
el hombrecillo de encorvado otoño
la dama gruñona de rara pelambre

con bifurcaciones
pasos atrás
repliegues
escaramuzas

secundando nuestros actos

áurea
nítida

dando vueltas en la trastienda del corazón
aquí está.

VIII

Con
  flores pintadas
en nuestro
  cuerpo

y
  la bujía
en   cada
    mano

lo único
      que pasa
es el silencio

pero
    los recuerdos
    son fieles
    y

al
  lado
      de nosotros
      murmuran

sobre
    la máscara
la piel
    o la palabra enorme:

«Oye mi amor hacia ti»
«Oye mi grito
          por ti».

IX

Lo inmediato
        claro y fugitivo
es el horizonte
que nos rodea
                jamás es la corona de sangre
de tus abuelos

ellos prueban el higo y la sal
como un mundo más vasto

tú mides apenas el tamaño
de tu traje taciturno

y la mañana perdida
te busca

y algún lenguaje

para despertarte
o hacer real tu verdadero nombre.

X

Eso   asible   cotidiano   de mucho vértigo
        llama   hala   charla
nos ignora

lleva un talismán en la frente

no es una flor y sangra el aire

y los pavos reales de Wallace Stevens
a nuestra habitación vuelven
y vuelven
a entrar.

XI

Mientras nos inquieta
el valle natal
mil lanzas deslumbran
el desnudo asfalto

mas sin volver la cabeza
al pasado

sin hallarnos de soslayo
u ocultos

sino
con la cara del miedo
por lo hecho
a medias

con la cara del brujo

encerrado

bajo llave

vira la vastedad azul

y espera
en el arduo país
nuestra raíz sin tiempo

como el ser que tiembla.

XII

Quien habla
sueña
quien dice
no
es un muchacho con cuchillos

quien da en el blanco
es por angustia

quien se rectifica
es porque va
a nacer

quien dice
sí
es una muchacha de las Antillas

el que despierta
tiene claras orejas
y otro burro nativo

soy yo

el que va por la carretera de Sintra
cada vez más cerca
lo probable o real
desde aquí
hasta ahí
buscándome
entre el ir y venir.

XIII

Cual resplandor o follaje
y sobre la fuente del jardín rumoroso

yo he muerto y vivo
vivo y muerto a un tiempo.

Sin lamento.

Con una casi absurda paciencia
vivo

amurallado u oculto

libre

muerto.

XIV

En medio se encuentran

a ojos vistas

a más no poder

en línea recta

ladean tu cuello

mascullan dentro de ti

mueven tu casa

se empinan

estas lágrimas

—fieles gavilanes.

XV

Oyendo el pálpito de nuestra
oscura sangre
humana

los pájaros se nos acercan
vuelan
y
van a los nidos altos

tienen un collar de nostalgia
o bien
un ramo de magnolias

tienen nuestro corazón
                                        sin corazón

nuestros mismos ojos en el aire

y
viajan sobre la improvisada música.

XVI

Sobre dos labios nunca
                    ajenos
pasa el estribillo. Pero
cuándo nos acompaña
qué dice   qué expresa   qué repiten varias frases
del poema

quién me oye
en la extrañeza de ser

qué callaste tú al resbalar una lágrima

y no sé si estás con deleite

o si esa lágrima ríe o llora
en la provisoria vida

se empina
mira y quiere
lo real   lo verídico   lo incompleto vertiginoso
del hermoso   horrible mundo.

XVII

De cuerpo entero hay un sueño
—Tu beso de higo entre largos ramajes—

Cada cuatro manzanas hay un árbol
—Tu beso de oscura   clara dicha—

Por cuál causa o nostalgia
en vilo tu desnudez   tu pecho
mostrando gavilanes o rosas
que entregan para mí su primero
último ademán
hasta que el fuego renovado e inmemorial
me cubra.

XVIII

a Ben Amí Fihman

Los recuerdos son como lobos que
dan varias vueltas en un zaguán

entran de súbito
alegres
amarillos o morados a las aldeas natales

vamos a lo hondo   llevamos ahí agua
—dicen—
lo suave y más tenue

y caminan a menudo
                                        de costumbre
entre cosas casuales y jamás vanas
en honor del hombre y la mujer
por un viejo parque
donde se miró Verlaine.

XIX

a Luis Alberto Crespo

Ciertos vocablos, si nos guían,
velan con ardor
y las ciudades despiertan con colores extraños.
Hay entonces giros e inflexiones válidas en el mar
que sube.
Hay el universo pequeño de la hierba, el pasto frondoso,
los cuerpos que se aman bajo el firmamento rojo.

Lo asible y cotidiano que nos trasciende, nos ata
a un ritmo diverso,
y estáse al lado de la noche firme e inmóvil
en soledad y armonía,
mientras espera la mujer
como el agua, el pan o el vino
para que no viva muda nuestra sombra.

XX

Las flautas   los Alpes de
rebaños dorados.   Cuando fui adulto.

Cuando fui niño: Quizás, española, en el tren de
Madrid a París.

Marinera, pescadora,
te perdí en mi ceguedad.

Yo que quería hacerme duro, casi un
mongol.

XXI

Si fuera por mí
al cumplir mi ciclo y mi
plazo
habría de estar solo
calmo

despiertas habrían de estar
la mañana y la alborada
                                        Pues
al pasar
al transcurrir yo
muerto
moverán la luz
—hoja y árbol
                              Y habrá gorrioncitos de pie
en los cables
—quejas   alegrías   chimeneas   e incendios

—el tigre lamerá su pómulo cubierto de
relámpagos

los países inquietos también habrán de quedarse calmos

luego de muchos sueños   dios de los sueños
muerto o vivo mi ciempiés nocturno
la plena selva ha de rodearme con grandes nubes y destellos

una tarde mía en el olvido   en mi día aún por segar.

AIRE SOBRE EL AIRE
[1989]

LOS VIEJOS

No sé si los viejos viven lo inmediato
Sé que quieren huir
como borrachos
y que
agachados
o de pie
advienen distintos
y ocurren puntuales
a la gran cita
en un mar
a la orilla del mar

tampoco duermen
ni están solos
sin embargo
hállanse siempre
están siempre ahí
aguardan calmos
bebiendo leche de cabra
entre amplios
corredores
más arriba de los techos
en una aldea que
pertenece a la luna
o en un hotel de Liverpool

no hay sino instantes
no vengan a contradecirme
mis pensamientos
vanos
hay eso
que sobra

nos falta
y
zozobra

aquello que tú echas de menos
que arde
es joven
y es antiguo
pero
ninguna madre nos habla ya
sino
la puta madre muerte
que come
umbelas umbrales
cerezos rojos en el patio

cantarían los viejos
pero ellos ocupan un nombre extranjero
sin lugar en el mapa ni en la
geografía

por eso cuando me pesan y
degüellan
a causa del tiempo
también soy de otro rumbo
doy un paso al frente
pruebo el norte con mi nuca
y me asalta abajo
o en medio
del agua que mana sed
el espíritu en vela
de los viejos
que
descorren la enorme cortina

o
quieren trepar
la muralla
hipando rabiosos
guturales o naturales
los jalones sucesivos de una historia
verídica
real
que transcurrió

hablarían o cantarían entonces
si tuvieran timbre de voz
para hacernos humano el nombre.

AIRE SOBRE EL AIRE

I

Un caballo redondo entra a
mi casa luego de dar muchas vueltas
en la pradera

un caballo pardote y borracho con
muchas manchas en la sombra
y con qué vozarrón, Dios mío.

Yo le dije: no vas a lamer mi mano,
estrella errante de las ánimas.

Y esto bastó. No lo vi más. El
se había ido. Porque al
caballo no se le pueden nombrar
las ánimas ni siquiera lo que dura
un breve, vertiginoso relámpago.

II

Yo voy a cerrar con una piedra
tus arcanos y colibríes y a ponerlos en la misma
puerta

yo los voy a cerrar con una piedra
porque están presentes esta noche y hacen
ruido

porque también duermen en algún regazo de
mis tardes y ponientes

porque también soñaron y actuaron en el nombre de
todos nosotros
los años que se agrupan y caracolean, y los días que
están presentes esta noche, y hacen ruido y jamás
permanecen inmóviles.

III

César Moro, hermoso y humillado
tocando un arpa en las afueras de Lima
me dijo: entra a mi casa, poeta
pide siempre aire, cielo claro
porque hay que morir algún día, está entendido
hay que nacer, y estás ya muerto
el suelo se quedará aquí siempre, ancho y mudo
pero morir de la misma familia es haber nacido.

IV

Mañana libará qué sabor crudo, denso
la noche

ya mira adentro, sin poner ninguna distancia

cómo suena y sueña aquel trueno

y prueba la tierra de nuestro abismo

y pregunta:

¿qué queda hacia el norte, hacia el sur

lo oscuro o bien lo luminoso

o tal vez nuestro amparo

tal vez la desdicha

qué armadura

dura, liviana sobre los hombros

hoy nos sostiene y lleva?

V

Quédense tranquilos si doy con un paso hacia el jardín y el desierto

y quédense tranquilas nuestra vida y muerte

los trémolos de la brisa fresca y enorme así llaman

¿respondo?
¿me permites?

yendo lejos nuestro árbol de pan es el espíritu

—de acuerdo

los trémolos trémulos que arrullan

silencio y silencio

—en ellos confío.

VI

Ezra Pound quizás tenga un taller literario en el más allá o sonría frecuentemente por la inmensa ternura de Gerard de Nerval. Ha de expresar el americano universal cuando mire a las nubes: «estos perros lanudos son nuestros». Pero entonces verán los ángeles su corazón marino y de almendra. Y atisbarán en lo oscuro, más abajo, como surgiendo de la tierra, estallando en el aire, un abanico fino de resplandor. La boca de Ezra Pound probará otra vez aquel fruto dulce (la mora), aquel pedazo mordido con las mujeres que amó; y abrirá sacos que contienen avena, pasto, mucha avena, mucho pasto y mañanas sin fin para mantenernos alimentados y despiertos a todos nosotros.

VII

a Malena

Yo no soy hombre ni mujer
yo sólo tengo resplandor propio
cuando no pierdo el curso del río
cuando no pierdo su verdadero sol
y puedo alejarme libre, girar, bogar,
navegar dentro de lo absoluto y el
mar blanco

entonces sí soy
el hombre rojo lleno de sangre

y sí soy la mujer: una flor límpida, un
lirio grande

y también soy el alma

y clarean los valles hondos
en nuestro mudo abrazo eterno,
amor frío

—y qué más
qué más por ahora
piragua azul
piragüita.

VIII

Por nuestra hora
que ríe y llora
ahora es la hora

por la nada y el todo
ahora es nuestra hora

repasándonos de frente y de perfil
ahora es nuestra hora

yo escucho
un primero y segundo movimiento de timbales

¿los oyes, sí o no?
—vienen y vuelan

de tres en tres con sus horas
tocando el tambor mayor vienen las olas
uno las oye y siente al tacto:
llaman, rugen, crujen
sobre valles y cordilleras

blanco y nítido tiempo
tibia y desnuda nada
se vuelven también holgura
—agua pura
y mundo extraño es nuestro mundo
y la otra esfera.

IX

Y sé de mis límites
—poseo morada, mi morada es
la ironía,
la lechuza viva, no
embalsamada

¿pastorean ese ganado?
—a la lechuza, nunca

ella vibra, respira libre
y si esto fuera posible,
de súbito, en el alto reloj
no da ninguna hora

pero se halla aquí de nuevo, entre florestas
y frutos granados
a los que pinta ojos morados
sin interesarle lo más mínimo nuestro vano ajetreo
frente a lo ilimitado inmenso

o bien nos tira el portón a la cara
con su silencio

la lechuza que está en el pozo de la luna
a la una muy sola de la
madrugada.

X

Por los ritmos primordiales de
nuestra tierra
que es dura y suave

por los cinco sentidos
y nuestro abismo

por querer paladear la luz
nos arrodillamos y lloramos así:

si tu boca está en lo infinito
y tu espina es mi pan

ya debes tener dos piedras sobre cada
mano del desierto

ya no posees abejas dentro del panal
ni manantiales sino montañas elevadas

y continúas dormido en los páramos
que no son albergue de nadie

y es inútil que hagamos frente a ti
salvas de aplausos o disparos con fusiles

y no te importa el grito demasiado audible
entre nosotros

y no te repones del sueño
ni de tus páramos que sueñan también
ni de la claridad eterna

jamás.

XI

Si hay distancias que
recorrer
madura la terrible, grave incógnita
—pequeño pájaro

al irnos a dormir te posas en
ventanas de distintos colores

al despertarnos están ahí, en una sola
los pasos que son tuyos y nuestros
—medidos, desbordados
por el gesto ciego, la premura, huella levísima
de una boca que picotea y picotea
las selvas originales donde cuecen cebada

o miras hacia arriba, hacia abajo
en medio de altivez y holgura

nosotros, divertidos, compulsivos, trágicos
somos crisol puro

palabra y entendimiento
—el corazón de nadie

y la preñez muelle, voluptuosa
tintinea, tararea melodías
nos rebasa los ojos y el cautiverio

aire sobre el aire

donde canta un pájaro.

XII

a Alvaro Mutis

Apice y cima
a ras de nuestro fin primero

procúranos refugio

y que nutridos por la piel del otoño
se vayan entibiando nuestras casas y animales

y que no haya sino diafanidad
de parte nuestra respecto al hombre o la mujer

ora pro nobis ave de buen augurio, ora
pro nobis en tu niebla finísima y fija

ruega por nosotros
mientras llegan las tardes sin color
y abundan los inviernos.

XIII

Yo puedo quizás
y tú puedes

nos es urgente
eso sí
un barco velero

y esperar serenos
en nuestras costas y confines

nos es urgente
no vivir engañados
soplando y resoplando
llanuras y horizontes
por el ojo de buey
—de cara a la pared
hasta que amanezca

persona indivisible que nos unes a la vida
nos es urgente
tu anillo nupcial, tu esmeralda en nuestro dedo
y que distribuyas entre nosotros
albas o penumbras
y una rosa húmeda
con numen y sílabas de tus vergeles y praderas
amén y amén
al avistar nuestros puertos.

INDICE

POESIA
1951-1989

Esta edición de POESÍA se terminó de imprimir el día 23 de agosto de 1993 en los talleres de Litografía Melvin, situados en la Calle 3 B, Edificio Escachia, La Urbina, Caracas, Venezuela. Impreso en papel Tancreamy.